组织的活法

创始人的组织观

邓康明 / 著

中信出版集团|北京

图书在版编目（CIP）数据

组织的活法 / 邓康明著. -- 北京：中信出版社，2025.8. -- ISBN 978-7-5217-7865-6

I. F272.9

中国国家版本馆CIP数据核字第2025DT3343号

组织的活法
著者：邓康明
出版发行：中信出版集团股份有限公司
（北京市朝阳区东三环北路27号嘉铭中心　邮编　100020）
承印者：河北鹏润印刷有限公司

开本：880mm×1230mm 1/32　　印张：10　　字数：200千字
版次：2025年8月第1版　　印次：2025年8月第1次印刷
书号：ISBN 978-7-5217-7865-6
定价：69.00元

版权所有·侵权必究
如有印刷、装订问题，本公司负责调换。
服务热线：400-600-8099
投稿邮箱：author@citicpub.com

湖畔学员眼里的老邓——

林氏家居创始人，林佐义：

老邓是少有的既懂组织又懂业务，既懂人性又有专业知识的首席人力官。同时，老邓又是一个有个性的人，他身上有强烈的责任感，充满感染力与矛盾性的张力，特别擅长构建有生命力的团队与组织。

4399 网络董事长，骆海坚：

在公司经营上，组织问题贯穿始终。邓老师对组织本质及底层逻辑深有洞见——组织不是冷冰冰的结构、流程和 KPI，而是一群人基于一个更大目标沉淀出文化和价值观。组织建设是一场创始人关于自我认知、修行、取舍和信念的长跑。

Babycare 创始人，李阔：

邓老师讲组织，是从时间、空间、速度、因果这些世界观层面的思考开始的，然后才到具体的组织阶段、结构、干部、人才、激励，由道入术，启发创业者从更底层去思考组织建设这件事。读完很有能量感，通透，很震撼。

古茗奶茶创始人，王云安：

邓老师的组织课，不仅仅有顶层的理论设计，还有更多业务视角的辩证思考。尤其对于创始人如何从 0 到 1 构建一个有生命力的组织，他能把各个角度的"为什么"讲得很清楚，这对创业者的实践很有指导意义。

黄天鹅品牌创始人，冯斌：

老邓的组织课，是给创始人的"照妖镜"和实战指南，没有浮华的理论，句句直指要害，帮我清晰地拆解了公司发展中遇到的真实组织难题，对于创始人提升组织能力、推动企业健康成长大有裨益。

usmile 品牌联合创始人，红枫：

如果我们把管理的对象设定为"组织"，而不是具体的干部或者业务单元，我们会重新理解为什么说"组织是对战略的承载"，有时候看似是人的问题，实际是组织设计出了问题。在这一点上，老邓总是直言不讳，独立思考，在关键问题上坚持自己的主张。

目录

自序 / 5

导读 / 15

第一章　以长期主义打造组织 / 001
组织是无机与有机的结合体 …… 005

业务是生产力，组织是生产关系 …… 013

组织追求整体大于部分之和 …… 018

组织中存在诸多二元对立 …… 022

第二章　创始人对组织负有战略性责任 / 033
从科学理性角度看组织 …… 037

从精神感性角度看组织 …… 043

组织化第一步：使命、愿景、价值观 …… 047

组织建设的六项法则 …… 053

HR 的定位、职责与原则 …… 059

第三章 战略先于组织，组织重于战略 / 073

战略选择决定组织形态 078
组织反作用于战略执行 084
组织保障支撑战略落地 090
组织保障的四项原则 099
战略运营与共创 102
第二曲线的组织设计 105

第四章 组织的衍进规律 / 111

组织衍进三部曲：团伙、团队与组织 114
组织架构的进化：职能制、事业部与集团化 121
文化与制度是组织建设的一体两面 132
组织建设中的西方运作与东方智慧 138

第五章 打造核心团队 / 149

初期要沉淀"老鸭煲"团队 151
在战斗中筛选核心运营团队 154
吐故纳新沉淀核心班子 157
以合伙人制度传承组织 160

第六章　锻造干部队伍 / 165

甄别好干部的三个维度 167

干部的成长：从专业到通用 171

对不同层级干部有不同要求 173

老人做新事，新人做老事 180

如何处理子弟兵与空降兵的关系 184

第七章　考核、激励与监督 / 189

要什么就考核什么 191

分配原则体现组织意志 194

激励的三个维度 201

最好的监督是用结果说话 205

第八章　沉淀文化力量 / 207

组织文化为什么重要 209

文化是"因"也是"果" 214

组织文化的形成与落地 220

组织文化的迭代与变革 233

第九章　创始人的领导力修炼 / 241

领导力始于权力，终于影响力 243

情境型领导力与关系型领导力 250

领导力是如何炼成的 254

创始人的领导力 258

在角色切换中修炼领导力 266

第十章　打造一个好组织 / 273

好组织要以客户为导向，以员工为优先 275

组织良性生长的基本原则 279

创始人的站位：近身但不肉搏，退后但不放任 283

结语　大道至简，大象无形 / 287

自序

我叫邓康明，西安人，生于20世纪60年代，赶上了改革开放的大好时代。

1988年我从复旦大学毕业，被分配到首都钢铁公司，在办公室工作，月薪100多块钱。一年后只身去了广东，想象中，那是一个开放的世界。后来进入东莞一家300多人的港资工厂，从文员开始，最后做到分管生产的副总经理，而我却渐渐适应不了那个"新世界"，工人每天工作十几个小时，人变成劳动的工具，毫无安适可言。

我辞职回老家西安，宁可不工作也不愿在工厂多待下去。家里人很失望，一个名牌大学毕业生怎么当了逃兵？没工作，没收入，还没面子。我在家里发呆了半年，很彷徨，很迷茫。

就在我痛苦不堪的日子里，有一条橄榄枝向我伸来。美国强生公司旗下的西安杨森制药招人，我投了简历。在总裁办和人力资源部之间，我选择了人力资源部，月薪300多块钱。

人力资源部有一项"特权"，可以随时敲开总裁、副总裁和总监的门。我的职位很低，却有机会接触公司核心管理层，熟悉各部门运作。由于工作有成绩，两年多后，我从人事助理一路晋升为人事经理，成了人事部的头儿，月薪涨到5000元，我在杨森待了7年，扎实了基本功。

达能是我工作的第二个外企。这家做食品的法国公司，在香港回归那年请我担任大中华区人力资源总监。1999年下半年，我转入甲骨文（中国）后，做了很多变革，将甲骨文（中国）从一家卖数据库的代理公司转变成一家真正意义上的跨国公司子公司。

2002年，我去微软当中国区人力资源总监，这段时间做得比较辛苦。微软中国区有三块业务：一是亚洲研究院，它是微软全球四大研究院之一；二是微软中国，卖软件和服务；三是微软全球技术支持中心。人力资源部只有7个人，却要服务三块业务的3000多人，且三大业务板块都垂直汇报到美国总部，亚洲研究院还要直接向比尔·盖茨报告，多头应对，每天忙到下半夜，苦不堪言。

在全球顶尖外企当人力资源总监，个人当然能获得很大的成长与进步，但真正做事情的空间非常小。跨国公司都是全球标准、全球策略，我站在本土立场，常常看到全球策略的不适应，却改变不了它。我常和总部吵架，关系非常紧张，却无济于事，还挺有挫败感。

我想要开始新的生活，虽然一时半会儿不知道接下来要干什么，但在外企待下去意义已经不大，意义这个东西对我很重要。这时候我开始看非跨国公司，机缘巧合碰到阿里巴巴，那是2004年。

加入阿里巴巴的过程比较有意思。安排的第一次会面，地点在香港湾仔的阿里办公室，我见了当时的阿里总裁关明生和CFO（首席财务官）蔡崇信。有一点特别有意思，蔡崇信当时问我怎么看企业文化，并让我说说杨森、甲骨文、微软的企业文化都是什么。阿里的CFO最关心的居然是文化，这家公司给我的感觉有点不一样。

第二次会面是去杭州见马云。他递了一张名片给我，上面写着"风清扬"。跟马云的交流过程更有趣，他一边走路一边舞剑一边问问题，从头到尾没有坐下来，突然就说结束了，搞得我一头雾水。他跟我所熟悉的企业家完全不同，一会儿跟我扯武侠，一会儿跟我扯仁义，问我怎么看人事工作，怎么行侠仗义。

最后，马云说，你可以当人事副总裁，也可以从零开始学做互联网产品，我都付你同样的钱。这是什么意思？马云不需要你来兑现经验值，而是愿意付钱让你去学习。这一点很奇特，与绝大部分创始人不同。

我前后在阿里干了10年人力资源相关的事，2013年，因为家里有些事，我从阿里第一次离职。两年后，我又回去做了两年阿里影业的COO（首席运营官）。影视圈的工作方式是白天睡觉，半夜喝酒聊天，我找不到感觉，很局促，再加上家庭原因，2016年底就又离开阿里了。

我始终是个独立的人。阿里成就了我，但我还是我自己。

2004年，我拒绝了英国壳牌的offer（录用通知）去了阿里。本来全家人都非常期待去英国工作与生活，我却自作主张去了阿里，因此家人都不愿意跟我搬到杭州。我在杭州工作10年，每周五晚上最晚一班飞机回北京，周日最晚一班飞机回杭州，我错过了孩子成长和家庭相处最重要的10年。现在我年纪大了，头发白了，也开始反思人生的选择了。

回过头看，我的职业生涯主要是在两类公司。一类是成熟的跨国企业，它们给了我比较好的机会与基本功训练，我对人力资源体系的认识都是在这些公司打下的基础，这里边对我影响最大的就是杨森制药。另一类是本土的民营企业，主要是阿里巴巴，它们让我学习到的人力资源知识可以应用于实践，并且结合对人性的理解，有了更大的发挥空间。

离开阿里巴巴之后，我加入一家创业公司车好多集团担任执行总裁，但时间不长就离开了，主要原因是回归家庭，另外抽时间给更多企业提供一点咨询和辅导。过去几年，在领教工坊，在水滴学院，在湖畔创研中心，我和年轻一代的企业创始人交流比较多，也是在这个过程中，我萌生了写本书的想法，想把过去30多年的从业心得与创始人做个分享。

优秀的跨国公司在人力资源上确实是持长期主义的理念。

我加入西安杨森第三年，他们就送我去欧洲学习了三个月，因为杨森的总部在比利时，那时候我二十六七岁，工作职责并不是很重要，但他们就愿意花钱花时间送我去。在比利时安特卫普市有杨森全球商学院，里面都是比较顶级的经济学教授，在那里我第一次理解了什么叫计划经济、什么叫商品经济、什么叫供给和需求、什么叫价格曲线。

因为都是英语教学，所以我学习很吃力。我那三个月就干了两件事，一是提升英语水平，二是看了一下资本主义社会的繁华与开放。他们周末就拉着我们到周边国家去转，去荷兰、法国溜达，我第一次去罗浮宫，第一次去阿姆斯特丹的红灯区，我看到了更大的世界。

这就是长期主义的理念，所有的事情都有因果，很多人问我阿里为什么能良将如潮，很期待我能像解方程式一样给他们列个方子。其实人才与组织建设是长期投入的过程，你要得到那个果，必须在今天种下因，必须开始考量获得这样的结果要采取什么行动。

我这个案例的投入产出是完全不成比例的，送我去学习花的钱跟我回来能为公司所做的贡献完全不成比例，但是换来的是什么？我在杨森工作了七八年，其间不断有大跨国公司挖我，薪水基本上可以翻5~10倍，而且头衔更好听一点，但这七八年里我都没有动过。像诺基亚、爱立信、摩托罗拉、可口可乐这类公司，当年都是很优秀的公司，我有时候去面试一下，也是想学习一下别的公司是怎么测评人的。

现在回想，我对这种长期主义感触更深了。战略有无穷个定义，在哪里取胜，怎么取胜，这是企业从军事领域借鉴过来的最基本的东西。作为掌握着企业资源和组织权力的人，你们一定要克制自己短期的欲望，要保持长期一点的想法。在活下来的前提下，假如你想让别人跟你一起活得更好，你就一定要用长期主义的视角去看人。大家要克服自己的焦虑，一个组织里面，只有创始人是唯一有机会坚持长期主义观点的人。

第一个误区，也是我这些年辅导本土公司看到的一个最显著的误区，就是短期焦虑。因为竞争越来越激烈，市场瞬息万变，人才和价格都越来越"卷"，单单是应对眼前的焦虑就让人焦头烂额，哪有空闲去想长远的事。但组织建设就是如此公平，你不做长远思考，就不会收获长远的果实。

我常常说创始人要做无用功。当即有用的东西，大部分情况不能给企业带来未来的核心竞争力，反倒是今天看上去无用的功夫，才会在各种机缘之下产生功效。就像健身一样，我每天都健身，与不健身的人比平时看不出什么区别，好像在做无用功，但如果我坚持三年、五年甚至十年，到年老的时候，我可能就比他们更健康，因为我的抵抗力在日常锻炼中变得更强了。

做企业总会遇到各种周期，无论是金融周期、经济周期、技术周期，还是消费周期等等，包括过去几年我们遇到的疫情周期。练内功的好处是可以让我们在低谷期活下来，而很多只注重短期投入的公司就会在周期中倒下。

老子说："为学日益，为道日损，损之又损，以至于无为。"站在创始人的角度，你要常常这样定位自己，很多焦虑来自对当下功用的期待，尤其是在组织建设上，你不能期待投入一点马上有效果，一旦达不到预期就更焦虑。创始人有义务也有权利对抗这种短期焦虑，因为作为企业的"船长"，如果你焦虑，你慌张，你就会让别人的思考与动作变形，整个组织也就随之变形。

第二个误区是管控。组织的活力本身来自自我驱动，但在做企业的过程中，创始人对于管和放，内心常常存在矛盾，会有不安全感，所以要管控，要看日报、周报，要开周会、月会，知道进展才有安全感，才不会焦虑。

我自己是一个传统的人，常常在所谓西方最佳实践中寻找中国人怎么更有效地发挥自身的文化特色，我觉得春秋战国时期百家争鸣与西方的思想自由非常吻合。其实组织也是一样的，一个国家真正强盛的时候，往往是比较自由的时候。

我们的企业都活在两个市场环境中，一个是商品市场，就是通过市场来调节价格的自由经济；另外一个是思想市场，跟商品市场是一样的，它需要自由，有了自由才会有思想，有各种争论，对不同看法更宽容，才会有创新的思想。企业组织也一样，有宽容才有不断的改善和创新，因为事情越来越复杂的时候，靠计划和管控是解决不了问题的。

这就需要调动员工自己去改善，你不用管控，不用命令，不用计划，每个微小的改善都由员工自发进行，这是组织最理想的状态。这种状态是组织文化一定要无限逼近的目标，如果这样的改善积少成多，将来组织就会有一个大的转变，而这个转变过程你可能意识不到，前提是你要放弃自己内心的焦虑和管控的欲望。

人是非常复杂的，尤其对企业创始人而言，一方面，如果没有大的自我没法创业；但另一方面，如果太过自我，公司组织一定会僵化。

我们每个人都是辩证统一的。比如说我，一方面，我比较传统，对于当年孔子开堂讲学的场景很向往，觉得那像私塾一样，能够让我们和年轻人放松地交流，若能系列性地延续下去，我就觉得自己在继承中国的师承文化，找回中国人的根，所以我崇尚尊师重道。但另一方面，我又非常喜欢西方文化中的平等、自由，甚至是散漫。当年在阿里工作状态很糟糕的时候，我跟马云说："马总你不要要求我，你今天给我一个亿让我做这些事我也不干，因为你太多要求了。"这是典型的我，骨子里很传统，但是个性中又极其崇尚自由与平等。

商品市场让我们生活得更好，但思想市场是推动人类文明进步的根本动因。如果一个社会只有商品，没有思想，那这个社会就是一个物质极度丰富但思想非常匮乏的"穷人"。企业组织的发展壮大离不开它所在的文化与社会土壤，中国民营经济发展才短短几十年的时间，西方管理学的精髓与东方传统文化的结合，是我看到的中国优秀公司的必然选择。

很幸运，在过去 30 多年中，我既见识了西方优秀公司的管理体系，也参与了中国本土优秀企业的组织建设与成长，这让我能够以更大的空间与时间尺度来看待组织、看待企业、看待创始人。写作本书，我就是想和大家做个交流，如果有且仅有一个观点，我希望年轻的创始人都应该明白，企业的组织建设是一个长期的过程，种"因"才能得"果"，要尽量克制自己的短期焦虑与管控欲，以更长的时间维度与更大的空间维度去思考组织，打造组织。

导读

一提到组织，大家通常第一反应就是，这是个专业的活，搞组织建设是 HRD（人力资源负责人）的事。这是一个最大的误解。组织建设是一号位的责任，尤其是企业创始人。要做一件什么事，要建立一个什么风格的组织，要聚集一帮什么样的人，形成一种什么文化，用什么制度和结构去实现目标……这些问题，创始人必须自己想清楚。

由于中国没有职业经理人成长的土壤与文化，而且创业初期很难有强大的团队支撑，所以我们的创业者往往身兼两个角色，既是企业创始人，又是负责日常经营管理的 CEO（首席执行官）。这两个角色在创业早期是天然一体的，因为早期的时候"活下来"是唯一的目标，创始人和 CEO 都要专注于眼前的业务、现金流，专注于客户价值，公司先能活下来才有后面的一切。

但是，如果企业度过了 0 到 1 的孵化期，进入成长期，创始人与 CEO 这两个角色就会开始左右互搏。因为 CEO 天然是短视的，他要为每年的经营结果负责，所以会希望快速找到答案，快速解决问题，快速见到效果。但是，作为企业创始人，你要更有耐心，因为你有更大的责任，要为组织奠定文化基因。要打造一个有生命力的可持续发展的组织，你就要站得高一点，看得长一点，远一点。

今天很多创业公司在组织建设上焦头烂额，常常感慨人才不够用，效率低下，文化稀释，而这往往就是因为身为创始人的你和身为CEO的你，两个角色产生冲突了。一方面，你要为眼前的病症快速找解药，比如招个"牛人"，期望他进来后能赶紧帮你开疆拓土；另一方面，你又没耐心去做长期的人才建设，一旦这个"牛人"没找对，而且没找对的概率还很高，你就又陷入无人可用的泥潭，周而复始。

作为企业的创始人，你要明白，战略会随着市场环境的变化而变化，会随着技术迭代而变化，能够应对变化、穿越周期的企业，一定拥有强大的组织力与文化基因。组织方面的很多工作可以交给HR，但涉及构建核心班子、建立机制制度、塑造文化与设计激励等根本性问题，必须是创始人亲自来做。

本书就是写给企业创始人的"组织第一课"，只是不同于商学院的组织管理教材，我是从实践出发，告诉一位创始人要从哪些角度去看组织、建组织。当然，我也很欢迎CEO、人力资源领域的同行前来切磋交流，但更期待有更多的创业者能从创业第一天开始就有意识地去思考组织，思考人。

既然是从创始人角度，就要站得远一点，从高空视角去审视组织。建议大家在阅读本书的时候，心态上要放空自己，从焦头烂额的现实中先抽离出来，不要急于寻求解决今天问题的方案与方法。这不是一本讲组织建设方法论的书，而是我从创始人角度去看组织的一些基本观点与理念。如果一直急于找答案，不符合创始人的职责与定位。

创始人要形成自己的组织观，首先要看方向，看大图。这个大图就是指组织到底是由什么元素组成的，还要能够拆解大图，为的是单个击破。就像一个乐高玩具，想把它搭成城堡或者农场，组合的元素其实差不多，都是圆的、方的、梯形的，但作为创始人，你起手时不能眼里都是小方块，你要想明白是去建一个城堡还是农场。没有方向不行，但是光想明白方向也不行，还要识别哪些是圆的、哪些是方的，是先搭圆的还是先搭方的。只有看明白了大图，研究透它的这些组件以后，你才能有节奏地去搭建你期待中的那个终极形状。所谓组织相关的组件，包括流程制度、组织结构、效率、目标、人才、干部、文化、价值观等等。这一定是一个漫长的过程。

创始人得明白未来企业要到哪里去，为什么要到那里去，以及组织要发展成什么样，没有办法逃避这些终极的拷问。想明白以后，再去想用什么样的路径和办法往那里去，需要怎么组合这些组织组件，比如在特定的时间可能需要方的东西，下一个阶段又需要圆的东西。

做 CEO 很难，做创始人更难，难的是要有耐心，要懂适时放空，要坚持长期主义。如果你在阅读本书的过程中，感觉有点糊里糊涂，那就对了，如果你觉得一切都很清楚，马上能找到答案，那反而比较麻烦。因为常常是你认为自己清楚了，认为找到了一个拿来即用的办法，但那是极其偶然的，大概率也是不对的。如果读完以后，你觉得没学到现成的方法，但是有了那么一点点心得，得到一点点有关组织建设的启发，那就对了。

企业是创始人的孩子，在孩子的成长中如何塑造他、如何陪伴他，没有人能给你们答案，再厉害的企业家也给不了你们答案。因为作为创始人，你们的创业初心是不同的，你们的成长经历也是不同的，你们所面临的市场环境与未来想追求的企业发展目标更是不同的。所有别人走过的路只能给你们一些启发与输入，你们只能借此照镜子，看清自己的方向，形成自己的一套组织理念与观点。

本书分为三个部分，第一部分主要讲组织的内涵、创始人在组织建设上的职责，以及组织与战略的关系；第二部分讲组织建设的实践与关键要素，包括架构怎么设计、团队与干部怎么培养、怎么考核与激励、文化价值观考核怎么落地；第三部分讲组织建设的底层基础——创始人的领导力精进与持续成长。

/ 第一章 /
以长期主义打造组织

"什么是组织?"

相信每一个创业者都有自己的认知和期待,或主动意识到,或被动存在于潜意识中。

我们先简单给一个定义:"组织是一群人为了实现共同的目标,在特定规则下进行互动的系统。"组织显性化的部分是资源、流程、制度和价值观,非显性的部分是组织习惯和组织文化。

一个拥有特定资源(有形、无形)的组织,在共同目标及价值观驱动下,会形成自己独特的制度、政策和流程,群体在这样的特定规则下采取行动,日积月累,就会形成自己特定的习惯和语境。这样,组织文化也就随之而形成了。这些组成了组织的独特性及核心竞争力。换句话说,拥有同样资源、服务类似客户的组织,可以形成完全不同的组织和文化。

比如在阿里,因为"拥抱变化"的价值观的驱动,一年下来,没有组织架构调整或一定规模的干部调动,是不常见和"不正常"的。在阿里,大家习惯了一年左右会换个新领导或新团队。而组织本身,对于变动和调整,也比较适应,不会造成业务上的问题和团队的"排异"反应。

再换一个角度看组织。

如果我们不看市场的关系,假设以一定的成本生产制造一定的产品和服务,并将其以一定的价格卖掉获取收益,要增加收益,剔除成本因素以后,只能靠提高组织内部的效率,组织的内耗越少,收益就越大。

阿里的 B2B 业务为什么毛利可以达到百分之七十，是因为它的组织效率极其高。铁军服从命令听指挥，不讨论为什么，只讨论怎么干。今天把你从广州调到沈阳去，五分钟宣布调令，第二天你就要出现在沈阳。以同样的价格销售某项产品，组织效率高的时候，毛利就高，组织效率低的时候，毛利就低。

组织效率的提升会带来一种正循环，因为毛利高的时候你可以支付更高的佣金。阿里 B2B 铁军销售队伍是高佣金机制激励出来的，佣金比例最高的时候达到百分之三十，销售员天天跑在永康、义乌这样的小地方，不付足够的钱怎么会有人愿意拼。当然管理铁军也有不能触犯的"天条"，除了价值观体系，还有一系列红线规定，用来在高佣金激励之下约束团队的行为，慢慢也就形成了团队的文化。

当市场竞争越来越激烈，玩家越来越多的时候，供给增加，价格下降，对组织效率的要求也会越来越高。

作为一家企业的创始人，最主要的职责首先是追求利润最大化，因为有利润才能活下去。收益减去成本是毛利，毛利减去整个组织成本就是净利，组织建设不是成本，提高组织效率就是提高利润。花时间提升组织的效能与改善利润率直接相关。而且从社会角度来看，这种改善大过于竞争带来的收益。如果每家企业都在组织效能方面去改善，消费者就有机会获得更好的服务，创业者就能够做一项长期事业，而不只是低价低效内卷，这就是企业家精神。

对创业者来说，花在人、组织、文化上面的时间和精力不是成本，而是投资，而且这部分投资带来的利润大过市场竞争成功带来的部分。除了在早期从0.1到1的阶段，要多花时间在用户、产品、供应链上，之后如果要持续改善毛利，创始人必须把注意力放到人才与组织的培养与建设上。

这就是我说创始人是组织建设第一责任人的原因，组织效率直接影响公司的利润，这方面的工作不能简单授权给人力资源专员，这是创始人必须亲自抓的事情。

组织是无机与有机的结合体

组织是在一定规则与制度之下行为的集合。制度是思想观念的反映，代表一定的利益主张，而这种利益主张需要一定的结构来实现。

阿里的创业初心，就是要借助现代的互联网技术让中小企业做生意更容易。那到底怎样能让中小企业做生意更容易？阿里早期采取的办法是把它们的商品放到网上来，让国外的买家看到。但1999年还在拨号上网，一般的中小企业主都不太会上网，所以阿里必须建立一支地面销售队伍，上门去拜访和服务。这跟新浪、搜狐很不一样，同样是互联网创业，它们的概念是要做一个新闻媒体，所以不需要销售队伍，阿里是要服务中小企业，由此决定了它与前者的组织结构是完全不同的。

我加入阿里的时候，马云说，我们不是互联网公司，我们就是一个销售服务公司，互联网现在只是帮助我做好销售服务，若有另外一种技术我就用另一种技术。这就是制度与结构的关系，你要根据利益主张来设定你的组织结构与文化。阿里有这样的主张，就选择这样一个组织结构，组织结构与概念的结合，催生了阿里早期的 B2B 业务。在淘宝诞生之前，服务和销售是这个组织的底色，它是一个服从命令、听指挥的指令性组织，文化非常简单。

组织是无机与有机的结合体。无机的部分是指组织的框架、流程、制度，有机的部分则是组织里面重要的内容物，包括干部以及干部行为决策所体现的价值观，以及这些内容物反映的组织文化。

对于创始人，如果你有机会找到比较好的人力资源负责人，你要给他输入一些关键的思考，比如你期待这个组织成为什么样子，你可能能描述清楚，也可能描述不清楚，但是你至少要知道，交代给他的任务不只是设计一个组织架构、制度和流程，还要有人和文化的设计，要建立一个无机与有机相融合的组织（如图 1-1 所示）。

第一，什么是合理的组织架构？这与商业模式、业务阶段有关系，你要完成当前阶段的战略目标，需要一个最高效的架构，与业务的特点和阶段性相匹配，这一点在后文我们会展开讲。

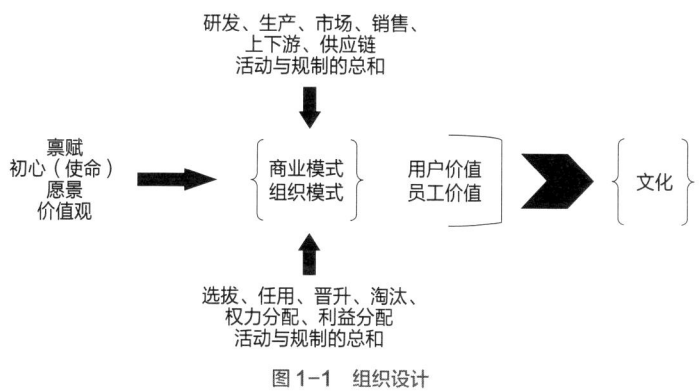

图 1-1　组织设计

第二，架构之下，要有支撑这个架构的节点，核心是中高层管理团队，包括一线干部和二线干部，这两个结合在一起就变成这个公司独特的核心竞争力。马化腾的腾讯，张一鸣的抖音，马云的阿里，任正非的华为，其实你永远无法完全复制，因为这都是人和事有机结合在一起的整体，你只能从中借鉴一些做法，再结合自己的业务和个人特点来塑造。

绝大部分 HR 到创业公司做人事工作会失败，大概率有两个原因：一是自己对于组织和商业模式之间的关系没有十分清晰的了解与认知；二是创始人的指导和期待不合理，他自己都没有想清楚。

我经常会告诉创始人，在你想清楚之前，最好不要从外面找人来负责人力资源工作，如果有选择，最好让其中一个联合创始人来分管，他不一定懂人力资源工作，但他懂公司，懂你，然后找一些中层的人力资源专业人士来辅助，比如专门做薪酬福利的人，做职级体系与考核的人。

我2004年加入阿里巴巴，做的第一件事就是建立职级体系。公司当时有1700人，得先给每个岗位做定位，确定这些人在这个组织中是什么位置，这些位置分别值多少钱。我刚去的时候这些是没有的，职级的管理都是随意的，典型场景是我参加一位高管的季度反馈，谈了一个小时，他的主管说："你过去三个月表现不错，所以给你加薪20%。"

过了没多久，马云打电话跟我说："公司里面有些部门在加薪，有些部门在绩效反馈以后没有调薪，作为人力资源的头儿你怎么看，你知道这些事吗？"他把我叫去训一顿，我也不敢说什么，当时我是挺吃惊的，这事儿也提示我，得尽快把职级和岗位梳理清楚，"先把屋子打扫干净"，让公司的人力成本管理更加合理化和科学化。

作为创始人，请一个人来负责组织工作，心态一定要平和，不要太着急，你们不要期待有了一个人力资源负责人，组织工作就可以放手了，要建立一个无机的组织框架和有机的干部载体，最后落成这个公司独特的文化，需要创始人亲自下场。每一个独特的公司，其核心竞争力都是无机与有机的结合，只要无机、有机清晰地结合起来，它大概率在竞争中不会犯太大的错误，而且能活得长一点，活久一点才有机会谈使命愿景。

对创始人来说，只有两件事是不能容忍的，一是不要做损害用户价值的事，二是不要做损害员工价值的事。你的高管团队可以调动，可以开除，可以晋升，可以轮转，但是如果做变动调整，只要你觉得这可能会影响用户价值或者员工价值，就必须干预。否则就让子弹飞起来，不要去干预太多，让子弹飞总比没有任何人开枪要好，让它先飞，然后你再看。

讲这么多，是想告诉大家，组织设计本身不单单是组织架构的问题，最终是一套制度流程和一群与你气味相投的人，这两个是组织中最核心的部分。相比来说，无机的制度和流程是比较容易的，经验丰富的专业人士就可以做，就像华为当年请IBM来帮助自己做流程改造。但是，有机的干部梯队和文化价值观是比较难做的，所以当年任正非把流程改造交给IBM，把干部梯队建设抓在自己手里。作为创始人，可以从外面引进或购买经验，这些是无机的东西，但任何有机的东西都需要自己花心思去看。

阿里巴巴最初几百人，每一个人都经马云面试，组织大了以后，每一个总监在晋升时马云会面试，再大以后每一个副总裁在晋升时马云会面试，他负责做最终裁决，更重要的是要向大家讲清楚为什么——我希望什么样的人成为副总裁。我经常劝创始人，早期创业时不要从外面找牛人，尽量花心思在自己的团队中培养，因为牛人可能能力很强，但不一定和公司的文化系统适配，挖牛人到你这里来的试错成本非常高，不是说这个人一定不行，而是他的"系统"卸载成本太高了。

最优的干部比例是三七开，百分之七十的中高层干部来自你自己的团队,百分之三十的人你没有时间培养才去"买"进来,而这部分干部大多是专业线的人,比如财务和法务。为什么专业线的高管落地成功率高?一是因为他拥有专业知识,二是因为专业线的高管在创业公司里面少有争议。

好的组织都有强大的排他性,每一个组织有自己特定的组织价值观和商业价值观,以及体现组织价值观和商业价值观的做事流程。在这种流程和文化里被训练出来的干部,到别的公司大概率会水土不服。

举个例子,我刚进阿里的时候,马云让我做一个人事计划。两周以后我拿着笔记本电脑跟马云汇报,把电脑打开,找到PPT(演示文稿)准备投出来。马云说:"你干吗?"我说,打开PPT。他说要不你先关了,回去想清楚了咱们再聊。我后来问他这是什么情况。他说:"我现在的公司没有那么复杂,如果你还说不清楚,还要靠PPT,那说明你没有想清楚。"我把电脑关了,其实我想得挺清楚的,但我习惯了,因为在原来所服务的外企里面,如果做汇报不用PPT,我的方案会被打回去。这是一个很典型的场景,是不同的组织行为与习惯造成的。

每家公司的行为、习惯不一样,你们要招市场中比较好的人,所谓的牛人,他们总有一些细枝末节的行为习惯是你不知道的。上文这个例子让我明白了阿里的企业文化与行为习惯。而这种文化与习惯,往往与创始人的个性有关。每一家公司无机层面的东西都类似,如流程、制度、资源等,但是有机的部分，如企业文化、价值观等，由于创始人的偏好不同、习惯不同，会很大程度上左右这个公司的议事决策习惯。

有人说，很多业务能力是内部孵化不出来的，团队培养出来的干部能力跟不上怎么办？在我看来，大部分是借口，业务线的能力绝大部分是可以内化的，因为每家公司都不一样，大概率得自己培养，专业线的能力比较通用，可以购买。相比来说，引进CFO的成功概率最大，引进CTO（首席技术官）的成功概率次之，但都大过销售VP（副总裁）和产品VP（副总裁）的成功概率。

又有人会说，内部培养的成本太高。我不这样认为。内部培养和外面引进都有成本，要看你怎么算账。外部引进的好处是他已经具备你所需要的能力，内部培养的时间周期会长一点。假设两种方式的成功率都是五成，从创始人的角度看，如果外面的人一拨一拨地进来，又前赴后继地"死"掉，再从外面找，这个成本不仅是时间和财务的成本，还有很大的口碑成本。它会让市场中真正有能力的人不愿意跟你干，他们会说这个老板有问题。另外，频繁地引进人才还会让内部为你卖命的人心寒，他们会想，我没日没夜帮你干，有一个空缺你就从外面挖一个人进来，我的未来在哪里。

这个事儿唯一的难题就是市场竞争无法给创始人留那么长的时间，这是最难应对的。你拉开一点时间看，内部培养成功的概率大概有六七成，若在外面找人，他存活下来的概率只有三四成。

另外，如果一定要从外面找牛人，不要找大公司里面的总监，最好找中等规模公司里面的小一号位。这个人有没有当过家，哪怕当部分小家的一号位，和一个大公司里的总监也是不同的。阿里有几百个总监，他们中大部分是食利阶层，上传下达，相当安全。作为创业公司，你得先找能干活的人，需要能扑下身子来沾一身泥的那种人。

这就是我讲的组织是无机与有机的结合体。对创始人来讲，无机的东西重要，有机的东西更重要。无机的部分是机械的，是文字具象的东西，而有机的部分才是抽象的，是无形的，是关于人与文化的，也是最复杂的。一家企业在早期要形成所谓的核心竞争力，最关键的不是无机的部分，因为你可以向外部学习，而是有机的部分，包括你怎么找人，怎么培养人，怎么晋升人，怎么开除人。

阿里早期倡导的是"平凡人做非凡事"，后来组织变大了，引进的人才也多样了，开始倡导"非凡人、平常心、做非凡事"。组织的理念与实践要成为一个体系，需要一个有机的网络和支撑网络的节点，最后形成文化。这是一个逐渐演进迭代的过程，如果最后能形成文化，说明你的价值观、资源分配、流程和制度设计相对适合以创始人特色治理下的组织。如果能建立自洽的出发点、路径和原则，通常就能形成核心竞争力，这就是组织。

业务是生产力，组织是生产关系

讲完组织是无机与有机的结合体，接下来说说组织与业务是什么关系。

业务模式是生产力，组织模式是生产关系，业务模式决定采取什么样的组织模式，组织模式是否适配会促进或者阻碍业务的进展。组织跟业务就是一个硬币的两面，创始人要想清楚到底采取什么样的组织模式，这是由业务模式所决定的。业务模式的核心部分就是客户价值、营销模式与变现模式。

以阿里的例子来看。在1999—2007年B2B业务上市前，阿里的业务模式是销售服务驱动的，变现模式是销售服务的会员年费。随着网站流量升高，再卖一点广告，它有点类似中国黄页，看起来很简单的一个产品，但是可以做到让客户的产品24小时面向全球买家做展示，此时的变现模式就是"会员费+广告"。

阿里B2B业务的客户价值，就是让沿海地区的小外贸公司和小工厂可以24小时在互联网上向全球买家展示自己的产品，它们不用去"广交会"（中国进出口商品交易会），不用去拉斯维加斯的CES（国际消费类电子产品展览会），只需要拍张照片、录段视频放到网站上，海外的买家想采购这些产品的时候上阿里巴巴就可以找到。在这方面，阿里有个代表产品叫"中国供应商"。

这样一个产品，它的营销模式就是地推人员上门销售与服务，教客户上网，把客户的产品资料拿回来编辑好上传到网上，同时，还有一支市场营销队伍在美国、欧洲投广告，告诉海外的采购者"买便宜商品来阿里巴巴"。地面销售队伍加上海外的广告投放，就像线上的"广交会"一样。

在淘宝、支付宝成长起来之前，相当长一段时间内，阿里巴巴就是一个销售服务公司，这样的业务模式决定了阿里早期的组织模式。因为销售服务需要大规模的纪律性团队，需要强执行、高效率，不要讨论为什么，只需要讨论怎么做，指哪里打哪里。所以"阿里铁军"有"天条"、有底线、有训练，服从命令听指挥是最高要求，实行高激励、高处罚，架构上采用的也是非常传统的军队式科层制结构。

对比来看，腾讯早年以QQ产品起家，所以它不需要大规模的纪律性团队，而是需要有产品灵感的创意团队，所以马化腾主张小单元的自组织，灵活创新。阿里早期的组织模式是由B2B业务模式决定的，不是马云喜欢"铁军"，从性格上来说，马云极其不喜欢稳定，而铁军是极其讲求稳定的。

同时，业务模式的载体是人，业务模式还决定了要用什么样的人。阿里B2B的业务模式主要是服务和销售，所以我们选人的标准不高，基本上会说话、会走路的都能进来，因为销售和服务的门槛极其低。不是说这个工作容易，事实是这个工作非常难，但是门槛非常低。组织是大进大出的状态，我们当年从来不进校园做招聘，更不去名校招聘，因为我们知道那些天之骄子进来，大概率很难适应，也留不下来，这跟我在外企时的选人标准非常不一样。

你想想，我们的客户主要分布在沿海地区的乡镇，那时候互联网还没普及，大家没有上网的意识，我们要坐一程小巴车再换摩托车，才能找到客户，前两次去还不一定见得上，常常会被工厂里的看门狗追出来。好不容易见到了，还不一定能说服他们，一次次被拒绝是常态，只能再一次次上门。这样的工作场景，当时名牌大学毕业生怎么可能忍受？有一次我跟华为的人聊天，我问他们选人的标准是什么。他说，我们选择那些出身"苦大仇深"的人。阿里也是的，招的都是"苦大仇深"的孩子。

我刚加入阿里的时候还有点水土不服，有一次我想申请招聘费、猎头公司的费用。马云说："还要猎头公司的费用？我要的是两种人：一是做服务的人，会笑你就把他招进来；二是做销售的人，会说话、会走路你就把他招进来。哪里还需要猎头公司？！"我很快就明白了，这是跟外企非常不同的一种业务模式与组织模式，是我原来不熟悉的一帮人。于是我马上调整招聘策略，飞去各个地方做招聘专场，有人来面试，就问他们几个问题：是不是高中或大专毕业？是不是工作半年以上还不满两年？有没有2万元存款？满足这三个条件的，能进就进。

为什么要2万元的存款？这也是B2B业务组织模式的一个

特点。某种程度上，阿里铁军是代理制，比如把金华区域包给金华的这个团队，给他们一个产品，一个高提成的激励政策，所有销售费用是这个团队出，不给开办费，不给拜访客户的费用，不给交通费。因为是自己的事儿，再加上股票＋提成＋奖金的高激励，所以他们像发了疯一样拼命工作。

这就是制度与价值观激发双重机制的结果。每天要求多少家拜访，CRM（客户关系管理）系统必须记录，有没有拜访到关键人……你不用管他催他，因为他在为自己挣钱，为了让自己的拜访效率高一点，可能几个人凑钱买一辆车拼车，这都是自发的行为。

代理制是最好的产权激励，这意味着不是给老板打工，而是代理企业的产品和服务，做的是自家的生意，只要遵循规则就能致富。后来还催生了很多天才的创新，比如金银铜牌制度等，激发大家为自己工作，这就是生产关系解放生产力的典型代表。激励制度是非常重要、非常严肃的事，既需要释放人的动力与创造力，又需要约束人的贪婪，非常考验度的拿捏。没有办法交给人力去做，创始人一定要抓在自己手里。

商业模式决定组织模式，决定人才结构，而且在业务的不同阶段，员工创造的价值不同，组织内激励的重心也不同。

举个例子，阿里巴巴每年有固定的劳动力成本，我每年跟董事会申请的期权池子也是一个固定的数。创业早期的时候，公司产生价值的核心部分是销售，所以我把大部分激励资源放在销售人员的佣金上。工程师天天来跟我抱怨:"我们也很辛苦,为什么一年下来比一个销售挣得还少?"没有办法,因为那时取胜不是靠技术人员开发的系统稳定,不是靠产品多好,而是主要靠销售队伍。但随着业务规模的突破,阿里开始卖广告,产品的稳定与体验变得更重要,我就告诉销售团队,对不起,在这个阶段你们不是公司最重要的,在价值创造层面工程师变得更重要,于是我开始把钱和期权的激励资源向工程师群体倾斜。

工程师抱怨的时候我告诉他们,别着急,等你们成为公司业务模式的主力贡献者时,你们的回报自然会来,但现在你们不是,我得靠这一帮销售兄弟拿回订单养家。所以有人要抱怨就抱怨,要留就留,不高兴就走,就这么简单,没有办法。

当业务模式与组织模式清晰了,你才能做正确的利益分配,才会有名和利的侧重。要想知道哪一类员工是公司的核心人群,就是看当前阶段是谁驱动业务增长,公司的资源也要向这部分人倾斜,当然,随着业务变化,驱动业务前进的核心价值与推动力也会变。

组织与业务的匹配决定了人工成本,其中重要的是佣金奖金体系的成本以及期权的成本,这些事梳理清楚以后,高管团队形成共识,公开透明,逻辑清晰,最终公司的文化就会渐渐成形。

组织追求整体大于部分之和

从整体与局部角度看，组织化追求的就是整体大于局部之和。假设有两个团队，一个团队都是牛人，学历高，能力强，另外一个团队都是普通人，从局部看，每个牛人都比普通人厉害，但从整体角度看，三个牛人加在一起如果无法形成共识、配合不默契，所产生的生产力也不一定比得过三个配合默契的普通人。

我常常听创业者说要找牛人，但大部分的创业，起步的时候基本上是夫妻档、师生档或同学档，这种成功的概率更大。如果一起步就期待着从市场上找几个很牛的合伙人，成功的概率通常会低一些。

创业起步时，最好不要想着找什么牛人，最好有一两个兄弟，或者跟你的伴侣，或者跟你同学，先与两三个非常信任的人一起，保障在这个阶段的决策成本很低，未来产生变数的风险很小。假设找个外面的牛人进来，两个人谈股权就得谈半天，夫妻、同学好商量。

越过这个阶段以后，也不要很快期待扩队伍、找牛人，最好尽快把钱用在产品、营销上面，不要用在招人、装修办公室之类的事情上，这些都是无用的。因为这个阶段最重要的是验证自己的产品，验证客户价值。在相当长一段时间里，团队中陌生的牛人不如熟悉的普通人，组织建设的核心是看整体，而不是看局部多强。

如果团队中个个是牛人，加起来不一定强，但如果公司起步的几个核心人物相互非常信任，非常互补，加起来的整体作战效率会比牛人强。这就是组织，要看整体效能，不要只看部分，等业务上有了稳定的客户，市场得到验证，产品进一步迭代，考虑要规模化扩张的时候，再考虑引进牛人。

有人说，这个观点在阿里好像不适用，蔡崇信这么牛的人，很早就加入阿里了。但我们往往忽略了一个事实，蔡崇信确实很牛，但他不是马云打着灯笼费劲儿找来的，而是主动要加入的，他被马云的领导力打动，被创始团队那帮人的干劲打动，被中国电商市场的未来打动。出发点不一样，牛人的心态就很不一样。反过来看，早期阿里在这个问题上不是没犯过错，当年拿到第一笔 500 万美元的融资之后，马云也开始从全球招聘牛人，在硅谷、伦敦、香港招了一批人，都是来自知名大公司的牛人，级别也很高，结果却是失败的。这才有了后来马云的"B2C"（back to China，回到中国；back to coast，回到沿海；back to central，回到总部）和关明生先生的"快刀斩乱麻"。

创始人有了钱以后，心就会变大，都想配置顶尖的团队，但问题是那时候阿里的产品是什么、客户价值是什么，都还不清晰，至少还没有得到市场验证。比如甲骨文做软件卖给大公司，它的经验怎么能复制到沿海的小外贸公司上呢？马云说我们的使命是让中小企业的生意好做一点，但手下的牛人并不了解中小企业。所以公司议而不决，一直等到互联网寒冬袭来。

不是说牛人本身有问题，每一个牛人进来都带着他的经验、能力和梦想，如果你的梦想跟他的刚好吻合那还好一些，但偏偏不一定，做决策的时候就容易拖很长时间。后来关明生加入阿里，做的第一件事就是把那批牛人清掉了，将精力又放到产品和客户价值上，老老实实用合适的人。

偶发性的因素只能碰运气，但对马云来说，创办阿里巴巴已经是他第三次创业，对于未来的蓝图，他一定有一个想象和逻辑，这就是他感染力的部分。无论是蔡崇信还是我，都是为他的这种对未来愿景的感染力和逻辑所打动，这就是他独特的领导力。

组织怎么确保整体大于局部之和？很关键的是人与人之间怎么减少摩擦、掣肘、隔阂，用大白话说，就是要相互看对眼。比如回到我个人，我在跨国公司工作了二十年，厌倦了跨国公司的环境，因为在跨国公司的中国市场，即便做到很高的位置也不在核心决策层中，还要天天拍总部的马屁，我厌倦了，我要找不同风格的公司。

我清楚自己不是一个创业的人，我做不了从0到1的事，只能辅助别人把事情做好做大，所以，遇到马云和阿里巴巴的时候，我最大的感受就是这家公司很不一样。我第一次在香港见蔡崇信，他一个CFO却问我怎么看公司文化，这太有意思了。

你们如果想找牛人，记住一点，他如果没有动力和决心与过去切割，大概率不太会成功。他要加入创业公司，就是要换一种生活方式，就一定要放弃一些东西，比如我来阿里的时候薪水被减了很多，不过给我了期权，我没想到期权在今天这么值钱，那一刻真没有想到。

作为创始人，你要知道，如果你想做的事情说着说着最后把自己感动了，那这个世界上也一定有一些人会被你打动，如果还没有，也可能只是机缘还没有到。至少我跟阿里的缘分是这样的，我从来没有想过有什么超额财务回报，一点儿没有想过，但我愿意放弃一些东西来拥抱这个有意思的环境。如果一个高管在加入的时候，和你斤斤计较算得失，那他大概率很难成功落地。

引进牛人尤其要谨慎。能够到创始人面前面试的牛人，他的能力和经验基本不用怀疑，这是基础，剩下的主要问题是，你要问问自己："他跟我、跟我的团队能不能共事？能不能看对眼？"唯一要考察的是这个东西。

假设你要引进一个重要岗位的人，除了你来面试，最好也要让你的联合创始人和高管都见见，如果能让他的岗位的前任来面试他，就更好了，这样至少进来以后他的生存环境会好一点。关键是在选拔的过程中大家要达成共识，共识的核心不是考察他的能力经验，而是考察他跟你们是不是可以合作，所谓的"闻味道"也就是这么一回事。

每个人的能力和经验都是身外的东西，就像一个软件一样，让它跑在 iOS 系统上可能没有那么好，让它跑在 DOS 上就更不行,它只有跑到 Windows 上比较好。如果你选的一个人能力非常好,剩下要考虑的问题是他所生存的土壤跟你是不是类似的,是不是适配的。

创始人若要找一个副总裁,我一般建议没有半年别做决定。创始人要花时间跟候选人泡在一起,除了跟他本人聊,最好跟他家属也聊聊,吃吃饭,先做朋友去旅游一下。找职位高的人,创始人千万要保持克制,因为找错一个人的代价和损失不可想象。人跟人有时候就是要看化学反应,能力能差多少呢?对不上眼就麻烦了,只要眼对上,没本事你也能让他有本事。综上,组织是总体效能的体现,而整体取决于人与人之间有没有化学反应,不能单看一个人或一个团队。

组织中存在诸多二元对立

组织是无机与有机的结合体,是由业务模式决定的,同时要追求总体效能大于部分之和,从这三个维度来看组织,可以让我们先有一个高空的视角。最后一个维度,我们来谈谈组织中的二元对立。

组织建设的挑战就在于这当中存在很多二元对立关系。

第一个二元对立就是个人与群体。组织是一群人为了一个共同的目标在一定规则下互动的集合,但个人目标与组织目标之间常常存在矛盾。

第二个对立是组织内的广泛参与与结构层级之间的矛盾。在今天信息不对称越来越少的情况下，创始人要考虑如下问题：参与决策的范围到底按什么原则设定？谁参与战略会议，谁参与运营会议，是按人的级别划定，还是按事项涉及范围来划定？

第三个对立，从工业革命进入智能商业时代，一个组织的发展到底是靠物质资源驱动，还是靠信息与知识的探索创新驱动？

从组织上层的使命愿景价值观，到落地的人才选育、KPI（关键绩效指标）设定，这几组对立矛盾关系都会贯穿始终，是创始人在做组织设计的时候始终要去思考和平衡的。这当中，最要紧的是第一个对立关系，主要是干部怎么看待个人与群体。

个人

组织的活性部分是人，而人是一种非常复杂且具有不确定性的生物。觉察人性，并用领导力和制度来"扬善限恶"是组织的重要命题。

人性可以从很多角度去看，基于过去多年的组织工作经验，我提出如图 1-2 所示的一个框架。

人性以"智性"为核心，通过学习实践，人与他人、社会和环境互动，不断成长、完善，形成意识，成为一个理性的、道德的人，从而被他人和社会接纳，同时人在服务社会中也获

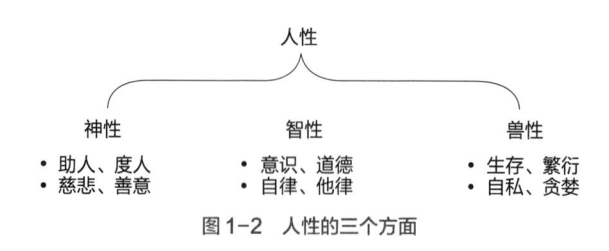

```
                        人性
          ┌──────────────┼──────────────┐
         神性            智性           兽性
      • 助人、度人    • 意识、道德    • 生存、繁衍
      • 慈悲、善意    • 自律、他律    • 自私、贪婪
```

图1-2 人性的三个方面

得回报。组织中的绝大部分人是"智性"人，他们需要公正的奖惩政策，不断形成正回馈，加强"智性"。

人进化至今，也保留着动物的原始性，我们权且叫它"兽性"。比如，生存和繁衍是人的基本需求，人常常展现出自私、贪婪，甚至是冷酷和残暴的特性。人的"智性"会约束或隐藏人的"兽性"，因此人需要制度、政策、法律的规范和惩戒。

智性人中，有极少数具备灵性禀赋的人，姑且将其称为拥有"神性"。他们拥有更多善意、更慈悲，有比较强的同理心，更能感受别人的情绪，通常乐于帮助别人，不以物质目标为驱动，更追求精神上的满足。他们大都自律、责任感强，可以承担更大的责任，并能够有效带领团队。

总的来说，人性以"智性"为核心，通过不断学习和修行，向"神性"方向移动，这是一个螺旋上升的通道。也有些状况使人性向"兽性"滑落，造成悲剧和伤害。

一个组织，需要以清晰的理念、价值观和对人性的理解为基础，建立好的制度、政策、标准、流程及文化，帮助人和团队从"智性"向"神性"进化，限制人和团队向"兽性"滑落，形成所谓"扬善限恶"的制度文明。

个人与群体

如果抛开组织架构中的角色与身份,每一个干部都是一个独立的人。人是最复杂的生物,也是最不可靠的动物。人可以上达天庭成圣贤,也可以下坠地狱禽兽不如。

如图 1-3 所示,从个体的角度,人分几种类型,其中一种是有欲望,为自己,但是也遵循规则,讲道义,如果团队里六七成是这样的人,组织的底盘不会太差。怕的是有的人有欲望,只想利己,但是不讲道义,这样的人会乱来,很多组织一夜之间垮掉,就是因为这个。

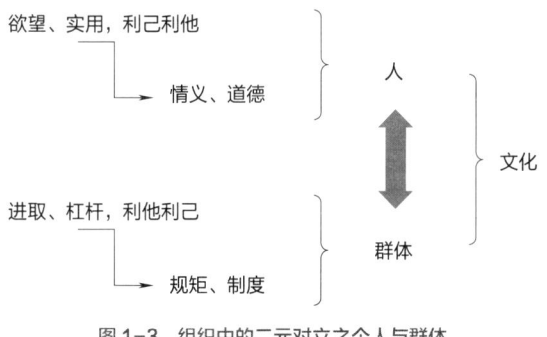

```
欲望、实用,利己利他
        └──→ 情义、道德      ┐ 人
                              ├─ ↕ ─┐
进取、杠杆,利他利己            │    ├ 文化
        └──→ 规矩、制度      ┘ 群体 ┘
```

图 1-3 组织中的二元对立之个人与群体

为什么新人培训的第一堂课要 CEO 去讲?因为你一定要在新人进来的第一天告诉他这个公司是什么样的,你相信什么东西,底线在哪里,这大概可以保障六七成的人不走偏。同时你必须

制定规则来约束另外三四成私欲膨胀、不择手段的人。对创始人来说，要了解人性，初期选拔的时候看一个人是否讲情义是尤其重要的。阿里早期训练铁军，是让全国各地进来的新人住在一起，吃在一起，培训、上课、淘汰，这就是在寻找情和义的味道。对创始人来说，剩下的东西你也管不了，人性是你最需要去思考的，同时要思考如何用规则去约束人性。

具体实践有三个办法。第一，新人选拔得有清晰、简单的标准；第二，训练的时候创始人得亲自上，告诉他们你要什么，不要什么；第三，晋升的时候得有清晰的标准，即你需要什么样的人成为排长、连长、营长。这就是人作为个体在组织中的关键环境，组织建设就是对冲人性中的恶，激发人心中善的一面，然后不断训练、训练、训练，不断给他们挑战、挑战、挑战，他们就有可能越来越好。

个人目标与组织目标如果对立，要懂得尊重个人的目标，慢慢选择愿意把个人目标跟组织目标结合的那些人，并把他们列入你选择晋升干部的池子。只有个人目标而且遵循制度流程的人，是你可以依赖的大部分人；少数人可以为了组织目标把"饼"做得更大而牺牲短期的个人利益，这种大概率是你的高管潜在人选。

怎么去观察和判定一个人的底色？调动轮转是一个有效场景。举个例子，如果把一个销售负责人从广州调去沈阳工作，他不愿意或者讨价还价，大概率他不太会成为你的干部人选。

这个例子虽然有点绝对，是想说明看一个人的底色没有什么科学的方法，测评、考试都是一种机械的手段，但在具体场景中，在调动轮转中，你看他采取什么行为，以及这个行为背后支撑他的思想与逻辑是什么，就能看出个人与组织之间的价值取向。

人性与角色

根据不同的价值取向，可以把人分成三类。第一类人理性计算，趋利避害，遵守规则，这就是所谓的经济人，这类人一般干到经理到头，中层以下；第二类是社会人，有自己的价值主张，有自己独立的意志与选择底气，他们会说"老板对不起，你再这样我不跟你干了"，这类人大概率会进入中高层团队；第三类是使命人，在经济人与社会人之上，被宏大的使命感召，愿意在艰难地实现使命愿景的过程中付出，在情感归属上更看重长期，不计较短期的利益，通常会进入核心团队。

所谓一个人的底色，就是个人价值观。比如一个人，老板拍一下他的肩膀，说最近干得很好，有的人会觉得"老板看得起我"，有的人则认为"老板又来忽悠我，干得好也没见你多发点奖金啊"，这就是人和人的价值观差异。人的知识和经验只有加入情绪杠杆才会发挥得好，在受到激励的情况下，可能会超越知识能力的极限，这是人跟动物不太一样的地方。

也可以从合作与竞争的角度将人分类，有的人合作性更强，组织优先；有的人竞争性更强，个人优先。如图1-4所示，如果是具有极端竞争性的人，以个人优先，他可能是非常优秀的个体，是独狼式的尖兵，但不太会带团队。如果一个人的特点是以个人优先，合作性强，那他大概率停在一般员工层面上，勤勤恳恳。组织优先、竞争性强的人，是中层骨干，我们选基层的人进中层的时候，要选那些能够打粮食回来的，只要不"违法"，就是进中层的人选，他们会自我进化。如果合作性高，又信奉组织优先，这样的人大概率是核心高管的人选，前文讲的"使命人"就是这样。

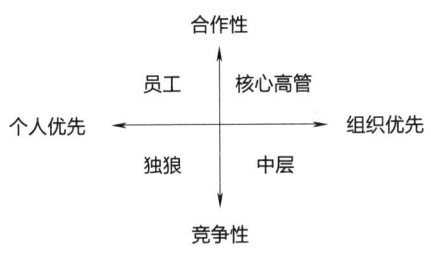

```
              合作性
               ↑
        员工  │ 核心高管
个人优先 ←────┼────→ 组织优先
        独狼  │  中层
               ↓
              竞争性
```

图1-4　组织中的二元对立之个人与组织

所以你看团队的时候，就像"西天取经"，会有妖魔鬼怪，瘴气横生，也会经历九九八十一难，谁能帮你一起走完这段路，谁就是你的核心团队成员。在这个核心团队中，成员之间长短互补，在个体与群体对立时，大家的价值取向也是一致的。

创始人创业大多基于"因为相信，所以看见"这一观念，也就是要让不可能变成可能，所以在战略上就需要预判与假设，去相信那个终局。乔布斯的苹果手机、比尔·盖茨的桌面电脑的诞生就是因为他们相信手上、桌面上一定会有一个计算及智能工具。所以创始人本身的特质应该是我相信它，所以我会看见它。中高层的人大概率是"因为看见，所以相信"，他们要逐步看到一些正反馈，才会越来越相信。

这也是创始人跟打工人的重要区别。团队绝大部分打工人是看见了才会相信，所以作为创始人，你不能一天到晚吹牛，刚开始可以，但两年、三年过去还是这样的话，是不行的。你要让团队看见你所相信的东西，要让他们看见最基础的生活在不断改善。如果他们不断收到猎头公司的电话，也表明在你这里干让他们的市场口碑越来越好，名气越来越大，这也叫你让他们看见。阶段性地回馈团队是重要的，这样才能不断有机会让不同的人加入去推动你的梦想实现，这个团队的组合才会越来越好。

层级与广泛

下面来说一下有关严格层级和广泛参与的二元对立问题。

组织结构是一种权利分配，每个人都贴有一个标签，经理、总监、副总裁等，没有标签不行，否则大家都不知道某个人的能力和所属层级，于是就有了职级体系，由此固定了组织的层级结构。人没有阶级，但是组织必须分层级。

公司的议事体系设计，大体上遵循标签体系所带来的责权利，什么样的会议、什么样的事情谁得参与，以前是相对固定的，这是传统科层制时代的标配。但是随着市场、技术的进化，用户更加个性化，尤其在创意行业，标签失效了，一个副总裁并不见得比一个一线的创意者能带来更有价值的内容贡献。一线员工对于用户的新感知，往往比级别高的人要敏锐很多，所以组织里面参与决策的人，不再局限于中高层领导。大到战略的制定，小到资源分配与产品研发立项，今天的决策所需要的知识和信息的迭代周期更短了。身处一线的人获取信息是最快的，他们不一定要非常结构化地参与公司的议事体系，但是他们带来的是最鲜活的洞见，所以公司的决策方式相应就在发生变化。

正如任正非所说的，让听见炮火的人做决策，这个事越来越重要。组织需要一线的人，至少是让这种声音有机会参与决策，这对于传统的层级制度会产生重大冲击，会让那些"标签"的价值感降低，但也是对抗官僚体系、打破食利阶层的一种方式。员工广泛参与，缩短获取现场知识的路径在议事体系里变得越来越重要，标签层级体系的价值会被弱化，这是组织的一种进步。

可控与失控

作为个体，创始人的调性与特质会极大地影响这个组织的风格（如图 1-5 所示）。有的人比较追求稳定，可控是他的舒适区；有的人的舒适区是混沌、流动，大家的禀赋不一样，特质不一样，所选择的组织建设路径也会不一样。创始人的性格特点在极大程度上决定组织特点，就像孩子跟父母很像，就是这个道理。

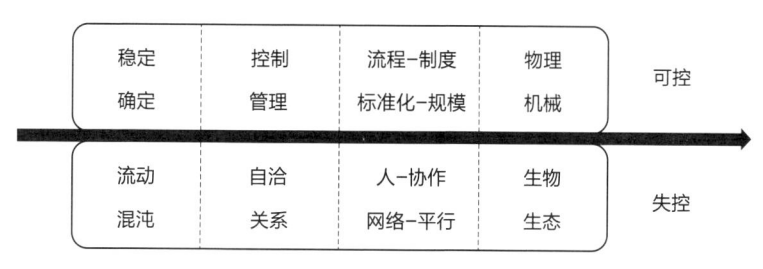

稳定 确定	控制 管理	流程-制度 标准化-规模	物理 机械	可控
流动 混沌	自洽 关系	人-协作 网络-平行	生物 生态	失控

图1-5 创始人特质塑造组织"调性"

马云喜欢混沌，喜欢流动，喜欢人与人之间建立关系。阿里早期的时候，他家里天天人来人往，团队去打牌、喝酒、下棋，人与人的关系是自洽的、网络平行的，一个一线员工也可以去马云家里打打牌，所以这种组织关系是一种有机的生态。

人可不可以改变？可以，但成本挺大，所以最好是找到互补的人，也就是说如果你是失控类型的人，最好找一点可控的人进来，比如马云属于失控型的，蔡崇信就是可控型的。在组建核心团队的时候，创始人要明白自己的舒适区域，人舒适的时候是自由的，是放松的，是最具有创造力的，反之，人拧巴的时候就会变形。

核心团队的成员间最好是互补的，如果有五个人，最好三个偏向这个类型，两个属于那个类型，这样文化调性能达到相对和谐的状态,不要偏向任何一个角度。创始人的特质无法通过测评得出,只能是创始人自己想明白,到底什么样的状态是自己比较喜欢、比较舒适的,然后在实践中搭建自己的班子,让组织成员间达到互补的状态。

第二章

创始人对组织负有战略性责任

组织建设的第一责任人是创始人，是企业一号位，那么创始人承担的责任是什么呢？和人力资源负责人承担的责任有何不同？

在组织问题上，要践行一条原则：实践出真知，实践是检验真理的唯一标准。战略上往往有从 0 到 0.1 到 1 的阶段之说，一般"0.1"是指产品得到市场的初步验证，有了最初的客户群体；"1"是指产品有稳定的用户群，客单价不断改善，产品在市场中的份额挤进了前五名或前三名，下一步面临的是规模化扩张的问题。

如果你的业务连 0.1 都还没到，还没有被市场验证，那创始人在组织里就要认真处理每一个个案，甚至要扑下身子去做"沾泥"的事情。什么叫"沾泥"的事情？比如自己去签单、抢单，自己招人、开人，甚至是处理违反价值观的联合创始人这类非常棘手的事情。

在"沾泥"的过程中厘清这个组织处理重要事件所遵照的原则、制度、流程的来源，它们不是凭空产生的，一定是你从处理这些案例的成功经验与失败教训中得到的反馈。这是确定一个起步期组织底色非常重要的一环，创始人如果不下场处理棘手的个案，组织壮大面临很多问题的时候，心里是没底的。

但如果业务已经度过了从 0 到 1 的阶段，创始人还陷入点状的个案处理，陷入一个个当下的决策，很可能会缺乏对组织的整体与长期思考。创始人要想的是企业到底要用什么样的人，为什么要用这样的人，用这样的人客观、主观的标准是什么？这个就是在履行战略性的责任。

战略性的责任不等于战略，也不是说创始人不需要去关心个案，而是说要在处理个案的基础上，厘清个案背后的标准、流程与原则。厘清原则、建立标准、完善流程，是为了让各级干部有一个处理组织跟人事问题的价值观依据标准。只有底层认知清晰了，才能在此基础上找到处理具体问题的最佳方法。组织建设最忌讳的是头疼医头、脚痛医脚，有了炎症马上吃消炎药，这和战略决策不一样，任何一个组织决策都没有绝对的对与错，决策背后的依据与逻辑更重要，这事关组织的长期建设。

一旦公司的原则与价值观清晰了，组织的效率就会非常高，因为大家很容易达成共识、共情，沟通成本与说服成本会大幅度降低。组织建设的最终目的就是降低内部沟通与协作的成本，但是它始于很早的阶段，如果你沾过泥，心里应该清楚沿着哪条路走，逐步履行战略性责任；如果在早期没有沾过泥，你整天念经，"杀人放火"的事全部交给其他人干，那你早晚得补这个课。

那么，什么叫战略性责任？下面，我们从科学理性与精神信仰两个角度来看。

从科学理性角度看组织

时间维度

创始人一定要摆脱脑袋里那些容易给自己造成干扰的表象东西,学会退一步来看问题,拉开跟团队之间关于认知和思考的距离。往底层退半步,不要拘泥于一时一地的得失;同时把看组织的时间维度拉长一些,要看到未来三到五年组织建设的方向。

为什么要拉开与团队的距离?这是因为当下业务层面的问题要更多交给中高层团队去思考,他们面对用户的需求,面对特定的产品和服务,面对竞争,面对这一年的任务,要去想如何排兵布阵,这是战役或战术层面的问题。而创始人考虑的是一场"战争",赢得这场战争,创始人的视角一定是战略性的,必须看未来三年、五年甚至十年,这个组织的形态是什么样的。只有这样,才能不受当下流行概念的困扰,定位用户群体,确定所处的竞争环境,明确需要什么样的人、什么样的组织去支撑。有人说科层制组织好像落后了。未必见得,你的业务如果是强销售、强服务类的,科层组织可能是最佳的结构,虽然它听上去没有那么时髦;你的业务如果是平台性的,或许自组织是最适配的形态。

战略性责任的意思是,创始人必须逼自己去想象一下,未来三到五年,在一个特定产品、用户群体与市场竞争环境中,组织的核心团队需要拥有什么德行、禀赋的人。创始人得去想这个东西，虽然答案永远没有对错，但是不想就错了，没有期待就错了。期待都是主观的，要让主观变成现实就必须回到当下，所以对于创始人这很难，难在主观与现实是左右互搏的，既需要在组织认知上期待，又得回到当下去行动。

对创始人来说，挑战在于，只有当下没有未来是麻烦的，如果只有未来没有当下，也是会踩空的。回到家的时候你要去想，我期待未来两三年跟我一起战斗的是什么样的团队，我期待未来的组织形式是什么样的；但回到公司里面，每天都是具体的事情，要活在当下，所有的资源分配、业务决策、用人决定，都是在当下发生的。思考在未来，行动在当下，这是创始人对于组织必须建立的一个认知观念。

我工作的第一家外企是西安杨森制药，当时招聘的每一位销售代表，中国区的总裁都要面试。他要处理的事情很多，每天早上6点进办公室，晚上12点出办公室，对销售代表一个都不放过，因为这是他作为一号位最关心的一支队伍。

我举这个例子是想说明，未来与当下是不可分割的，每一个对未来的期许都是当下具体的行动不断实现所积累出来的，不存在只要找一个好的人力资源负责人，组织问题就解决了这种情况。创始人的难就难在这里，尤其在创业早期，既要当下也要未来，这个职责没有人能替代。如果运气好，你找到一两个非常信任又能互补的合伙人，他们跟你同频之后帮忙去料理一些事情，这已经是很不容易的了。

核心是始终得往前看一点，当下的问题都是过去造成的。之所以你会产生困扰，是因为你没有更早地看未来。怎么叫看未来？举个例子，大家都希望找牛人加入团队，但你得想想自己对于选人有什么样的期许。世界上大部分公司在人才选用上有两条路，一条是致力于从内部培养人，付比较低的薪水招人进来，但是给他比较多的成长与发展机会，让他多学习、多轮转，从事不同的岗位，经受锻炼。另外一条是付比较高的薪水从市场中引进牛人，并对其进行严格考核，用较少的培训，采取刚性的奖励惩罚制度，以结果论英雄。

前文说到的所有组织问题与用人问题，对创始人来说，都要在战略性的方向上想清楚更倾向于哪条路，这就是看未来。如果说要走内部培养路线，就要降低招聘费，加大培训费，两三年以后内生的干部会成为团队的主流。如果走另外一条路，刚性进出，以成败论英雄，就要切掉培训费，加大招聘费。创始人需要想清楚倾向于走哪一条路，两条路没有对错，只有是否适配。

马云是教师出身，他的理念是"平凡人做非凡事"，看重的是自己培养人，让他们慢慢成长，一个业务可以折，但人不能折。而我在微软中国的时候，走的是另外一条路，比较少培养，但是花大价钱找市场中成熟的人，用人和淘汰人的频率很快。当然，这两条路线不是说非此即彼，但对于核心管理层的选用比例大概是三七开,得有一条主线和方向。

从时间维度看,所有的过去都是不可逆的,所以更要想清楚未来,用未来牵引目标,回到当下关注每一个细节,这样才能让不可逆的遗憾最小化。

空间维度

空间是一个距离的问题,人跟人永远有距离,一种是物理距离,一种是心理距离。组织上的问题很多不是源自物理距离,往往是心理距离,你或许在物理层面上跟一个人很近,但在心理距离上可能跟他很远。物理距离的近一定有助于心理距离的改善,在心理距离改善之前,物理距离必须近。

我在阿里的时候,从全球招聘来的所有人,一旦录用必须飞到杭州来,在总部待两周到一个月的时间。若前期不花这个成本,任他们散布在美国、英国、新加坡,那往后产生的心理距离和文化差异麻烦就不是一次差旅的成本可以解决的。

人跟人之间、团队成员之间最关键是要有相同的语境体系。比如在阿里有一条价值观叫诚信,但如果你要评价一个外国员工的诚信程度,他可能要跟你拼命,因为诚信对他们来说是做人的底线,不容他人评价。他们会觉得,你怎么能给我打分呢?这是中西方文化差异导致的语境体系不一致。

物理距离近了不见得心理距离就近,但物理距离远了,心理距离大概率不会近。心理距离近的人你是可以感知到的,这些人大概率是你未来可以依赖的团队中的苗子，他不一定会成为你重要的团队成员，但是至少会成为你的苗子。物理距离很近，但心理距离永远走不近的，大概率也不能成为你团队的苗子。

这跟能力没有关系，因为随着权力台阶一路往上，升到一定程度以后，人与人之间的关系就是一个信任的问题，看双方是不是一类人。高管团队的决策成本要降下来，核心要素就是心理距离要近。马云跟他的核心班子，虽然看上去经历不同，能力和风格很不一样，但大家的心理距离非常近，彼此信任，马云还没开口别人就知道他想讲什么，点点滴滴的默契积累才能让一个高管团队带领组织在市场竞争中超越对手。对手复制不了的东西，就是核心团队成员之间背靠背的信任。

组织里最讲究物理距离的主要是基层和高层。一线小团队的战斗力要强，就要在一起，有共同扛枪和上山下乡的经历。战斗力来自短兵相接那一刻，来自认识，来自信任，来自人与人情感上的认同，这有利于促成小团队成员之间相互的理解与情谊。高层团队也要近，要经常在一起，在中国创业和在西方不一样的一点是，西方有成熟的经理人制度与文化，工作和家庭完全分开，但是东方没有成熟的职业经理人市场，所以说高层团队的物理距离一定要近，偶尔组织场家庭聚会，一块儿去旅游、吃吃饭，这对于增进信任是挺重要的。

速度维度

时间、空间决定了存在，速度决定了存在的状态，速度快的时候，时间可以变慢。创始人在战略性地看组织的时候，有时候需要快一点发展，如果组织拆了才能发展得快一点，为了赢得时间就要拆分组织，当年淘宝一拆三，三拆二十五，就是这个道理。有的时候则可能是什么都不做，速度慢下来是最好的，这时就不要瞎折腾，比如遇上消费萎缩、疫情等，组织要冬眠，这是大环境决定的。甚至有的时候，前两年冲得太快，这两年要休养生息，整顿队伍，此时也要稍微慢一点。不是说速度快一定好或者慢一定好，而是创始人要认识到速度是组织发展的一个重要因素，速度体现的是快慢，是节奏，这两种状态需要创始人根据市场竞争程度和团队承受力做调整。

举个例子，当年团购领域刚开启"百团大战"的时候，美团是其中速度相对慢的，它注重品牌，注重队伍的培训；速度比较快的是拉手网、窝窝团，它们疯狂挖人，疯狂花钱砸广告，但一两年之后，美团活下来了，最激进的那几家都没了。快和慢取决于组织的状态到底怎么样，没有一定之规。不过，组织创立早期快一点可能比慢好，但是行业竞争混乱的时候，得谨慎，稳定好过激进。快慢还要看团队的战斗力，市场太乱的时候要谨慎一点，侧重训练人，不能贪图快速扩张，而是要练好基本功，培养自己的品牌与核心能力。

从精神感性角度看组织

从科学的角度我们可以更加客观理性地去想事情，从时间、空间和速度三个维度，支撑对组织的战略性思考。同时，对一个创始人来说，看组织的时候一定要具备科学与精神两个视角。科学让你的认知更理性、更客观，同时，精神上你还要更安定、更平静。如果你的意志力是强大的，无论经济周期与竞争环境如何变化，你的内心是不慌张的，因为创始人是企业这个组织的船长、机长，你的意志力是关键，而意志力来自科学的理性和精神的安定。

在科学认知之外，关于组织建设，创始人要有因果观，有敬畏心，有对不确定性的心理准备。

因果观

我在领教工坊带过二三十个企业家，其中有千亿营业额大公司的企业家。有一位 70 岁的老板告诉我说："我已经创业 40 年了，到现在还找不到接班人。"我说："你都干了什么，为什么找不到接班人？"这其实就是因果，你期待这样一个"果"，得先想想自己种下了什么样的"因"。

如果你希望别人为你卖命，期待别人有主人翁精神，把你的事当成自己的事，那么在此之前你要为他做一些事情，比如你现在愿不愿意把你最值钱的东西分给大家。2004 年我到阿里的时候,马云找到我说:"老邓,我知道你来了以后可能要做很多改变,你变别的我暂时不管,但是有一点你不能变。"我问什么东西。他说:"我家里最值钱的是期权,每年我要分一点给保安、阿姨,你不能把它取消了。"我举这个例子的意思是,你要想换得别人的追随,赢得领导力,就要想一想愿意付出什么样的代价,这是创始人要问自己的。

公司融资或上市之后,会有很多期权分配的原则,但你要回过头来看看自己的核心团队,想清楚怎么让他们愿意跟你"打天下"。人的收入就两部分,一部分是靠体力挣得的工资,还有一部分是资本收益,如果没有资本收益,单纯挣工资永远不能实现财务自由。如果你的团队只能靠出卖体力挣一份工资,不管你给他100万元还是200万元,你期待他死心塌地跟着你,很难做到。这就是因果。

作为创始人,你要时刻牢记自己的初心,清楚创业第一天种下的那颗种子是什么。创业是一条九死一生的路,中间有九九八十一难,驱动你们前行的那颗种子很重要。它长成一个西瓜藤也很好,长成一棵银杏树也很好,这颗种子你要有。有没有种子很重要,这也是因果。

其实真正对人的感召靠的就是创始人心中那颗种子。当年我到阿里面试,那时候阿里真的是破破烂烂的,我之前在微软中国的时候,在北京国贸上班,跑来杭州,在文二路的电子大厦上班,等电梯10分钟都等不到,挤进去臭烘烘的。我当时都不知道自己为什么来，但是我后来想清楚了。因为见到马云以后，他所描绘的东西让我觉得他是真诚的，他那时候说的所有东西今天回看基本上都实现了，所以回想起来，我是被他内心的那颗种子的感染力打动了。

敬畏心

人是最复杂的动物，上达天庭可以成圣贤，下坠地狱也可以禽兽不如，如果你对万事万物心存敬畏，那么无论是对别人的尊重，还是对商业的选择，你都会有分寸。

虽然我们说创始人的第一职责是追求利润最大化，但是君子爱财取之有道，内心有敬畏就不会做出伤天害理的事。虽然说创业者用不违反法律的任何手段获取利润最大化都是可以的，但是随着公司不断成长壮大，影响力越来越大，如果你心存敬畏，你就会越来越觉得责任重大，明白有些钱是不能赚的，有些赚钱的方式是不好的，从而对自己的行为有所约束。

不确定性

创始人的胸怀要足够宽大，情感要足够稳定。为什么要胸怀宽大？我们必须在战略上藐视敌人，就是没什么了不起的，今天再纠结的事也不是事，这跟战术上要重视、要小心谨慎不矛盾。只有在战略上说没有什么大不了，你才能在战术上去冷静处理。

创始人要直面生死,这是创业的常态,所以更要拥抱不确定性。企业做得再大,创始人也要做好心理准备,它有可能消失得无影无踪。有了这个心态,你就不会纠结一时的得失。

精神上安定之后,意志力变得强大,你做决策就是冷静和坚定的。创业是一个非常长的旅程,十年、二十年,中间会发生非常多的事情,只有你具备科学上的理性与精神上的安定,面对任何的市场波动与竞争,你才不会慌。你的团队乱的时候要靠你定住,即使心里也慌,你也不能乱。

创业拼的是最后一口气,创始人的意志力来自对客观世界的认知,来自对精神信仰的坚持。一般而言,团队的信心是创始人给的,如果你慌了,这个组织就成长不了。

哪怕心里再慌,也得装得像没事一样,这是我20岁出头的时候从我第一任老板身上学到的。1990年我刚加入杨森制药做人事助理,升任人事经理后,我的老板给我一个任务,让我去做校园招聘。我在西安,我们准备进西安交通大学和西北工业大学。但当时政策规定不允许企业进校园招聘,我去学校做了很多沟通工作,但学校坚持我们得拿到教委的批文才能进校园做宣讲。我特别着急,不知道找教委什么人,显得有些束手无措。后来汇报的时候我的老板说:"小邓,我很失望,作为这个项目的负责人,项目遇到了一点困难,但你让团队觉得这件事没有希望了。"他说你装也得装作没有问题,我们再想办法。后来他真的帮我找了当时陕西省医药管理局的局长,这位局长又找到当时的教委主任,最后拿了一个特批的函回来。这是我自己做领导学到的第一课。

这件事情给我留下了很深的印象,第一是做领导怎么帮助下属成长,第二是做领导内心要镇定。现在市场机会非常多,当然竞争也很激烈,创始人要让自己在面对困难的时候是安定的,这样团队才不会慌乱。既有科学认知,又有内心安定,满足这两点,组织才可能达到相当优秀的状态。这样的框架在你脑子里不断重复,你不断实践的时候,内心不会感到恐惧。精神安定不一定让你获得成功,但是你不安定肯定成功不了。

组织化第一步:使命、愿景、价值观

绝大多数公司在从 0 到 1 的阶段不需要过于纠结使命、愿景、价值观,不是说它们不重要,而是从 0 到 1 的阶段大概率是资源、禀赋、机会驱动的,因为你要集中精力度过"重症监护室"阶段,包括产品服务的迭代、市场定价与竞争,尽量不要去追求形而上的东西,此时的关键在于你的产品有没有生命力。

马云强调使命、愿景、价值观很重要,不是说他讲的不对,而是说要掌握好节奏。你得首先为自己赢得谈阳春白雪的物质基础,在赢得一定的市场份额,在竞争中领先半个身位的时候,你要去想自己做的是一门生意，还是一项事业，下一步是继续靠机会驱动赚点钱，还是做一个更长久的事业。这个时候你才要认真思考企业的使命与愿景。

如果要做的是一门生意，想持续赚钱，要考虑的是利润率，那么你得专注在基本的财务与供应链成本上，看市场的机会，让它的回报最大化，如此生意也可以做到很大。假设你的雄心不止于此，你要做的是一项事业，那你就要想使命、愿景、价值观，要考虑这项事业是要解决什么问题，要问问自己——我是谁？我要去向哪里？我这一辈子到底想追求什么？马云创业做阿里巴巴的时候已经是第四次创业，之前做了海博翻译社、中国黄页，还去外经贸部做了网站，所以他很清楚自己想要什么、有什么、能放弃什么。

你的选择明确了，组织就要去配套。如果你要做一项事业，核心就是解决某一个社会问题，而不是单纯赚钱。做事业需要一个更丰富的背景和庞大的队伍，使命、愿景、价值观可以帮你吸引到相信这个事业的人，有了使命、愿景长期的指引，团队间短期的分歧会迎刃而解，这是最重要的。

使命

使命回答的是这个企业为什么存在，创始人想把这个企业做成什么样。就像马云说创立阿里巴巴是让天下没有难做的生意；GE（通用电气）的使命是点亮世界；我服务过的杨森制药，一战之后其母公司强生就在做止血绷带，它很早就明确自己的使命是消除人类的病痛。使命一旦确立了，一般不会动摇，也不会改变。使命决定了你的终极目标，你的资源分配、决策意识应该朝着这个方向前进，你吸引的人也是相信这个叙事的人。

如果你不去想使命，而是选择做一门好生意也不错，这个世界需要大量好好做生意的公司，以便和广大用户完成价值交换。只有少数的公司需要使命，但是不要骗自己，硬搞使命，仅仅把使命变成标语挂在墙上没有用。人要自知，因为只有创始人自己清楚心里有没有那颗种子，自己自洽了，做事才会放松，创始人放松了团队才有成长空间，组织也才能理顺。

愿景

愿景分两个层面，一个是战略愿景，一个是运营愿景。

战略愿景是公司发展的长期目标。阿里的战略愿景调整过几次，比如"要活102年"，要成为"分享数据的第一平台"，要成为"幸福指数最高的企业"，这就是战略愿景。

运营愿景是中期目标，我记得刚加入阿里的时候马云跟我说，我们的愿景是要成为世界十大网站之一。这是更具象的阶段性目标。如果要成为世界十大网站之一，就要知道排名全球前十的网站到底有多大流量，就要每年关注排名，这是更具体的行动。

战略愿景大体上五年、十年变一变，运营愿景更像最近两三年的战略目标。我希望我的公司成为什么样的公司，得分阶段走，总得有一个不断往战略愿景靠近的运营愿景。战略愿景和运营愿景要分开来，运营愿景是大部分高层每年要讨论的，因为跟战略目标相关，跟员工沟通的时候也要分开沟通战略愿景和运营愿景。

价值观

价值观也分两个层面，一个是商业价值观，一个是组织价值观。商业价值观是让你做资源分配的时候有一个依据，决定资源投入的优先顺序；组织价值观决定组织的议事决策、选拔人员的优先顺序，决定了组织是否有共同味道的人和相同的做事方法。

举个例子，小米的商业价值观是什么？是追求极致的性价比。我听过一个故事，小米最早做智能手环的时候，手环上有手表功能，但这会使电量的损耗加快，对电池的要求就高，手环价格就很高。他们就纠结：一个手环没有手表功能行不行？最后他们说，我们要坚守自己的商业价值观——极致性价比，为了极致性价比，手环可以没有时间显示，这就节省了电池成本，价格也跟着降下来。这就是商业价值观决定资源投入方向的案例。

使命、愿景、价值观，看似是形而上的东西，其实在组织议事决策体系里是实打实的原则。我们讲的团队里的默契、语境体系的一致，就是由战略愿景和运营愿景、商业价值观和组织价值观形成的共同认知。大家语境体系一样，决策的成本就会降低。

很多年前我在雷军办公室跟他聊天，其间有个人进来说"我要做平衡车，从美国引进的"，我看雷军跟那个年轻人对话，他说："这个车定价不能超过1999元，我只要这个价钱，至于怎么做到你们回去想，如果做不到别来找我。"要让团队和组织的效率提高，有一些东西看上去很劳神，很费劲，因为它们抽象，也因为它们具有思辨性。如果你没有办法也不愿意花时间把它们明晰出来，每件事情就都要商议，比如这个平衡车项目，到底怎么定价？算算毛利、库存周转，定1999元也对，定5999元也没错。永远都对的事，就永远也都不对。

组织成长的标志之一是开始有比较清晰的决策依据，这个依据是团队成员有共同的理解与认知、有共识，无论是人的投入还是资源投入，都是因为组织有清晰的商业价值观与组织价值观作为指引。员工内心对于这件事有了认可和承诺之后也是不一样的，他的战斗力和执行力完全会上一个新台阶，和被别人要求着努力完全不一样。为什么一个成熟的组织执行力会强？因为它逐渐摆脱了老板个性化人治的特色，通过制度化、标准化、流程化，让偶然的成功可以持续。

创始人的任务，是在资源给定的情况下，把战略愿景、运营愿景换算成目标,然后通过战略落地分解到预算,包括人到底往哪儿分,公司的钱到底往哪儿投。做这些决策的时候,商业价值观与组织价值观就是一个重要的依据。这两种价值观明确的组织才能进入正规军作战状态,而不是打乱仗、打混仗的状态,成功也不知道为什么成功,只是觉得运气好,下一步要怎么做才能复制成功也不知道。创始人得把偶然的、个体的成功,把靠一个人英明决策取得的成功,变成团队共同遵守的一些原则与理念,同时要把这些原则、理念变成在实践中可以被共同理解与遵循的流程,这就基本上完成了组织建设最重要的一步,即所谓的"上三路"——使命、愿景、价值观。

"上三路"的明晰很难依靠外来的人,只能是创始人自己与核心团队在个案处理中不断将其概念化、标准化、体系化。这是一个相当难的过程,因为你要克服自己做决策的主观性,把自己的权力让渡给达成共识的原则,但只有经历了这个过程,才算开启了组织化的第一步。

追随"上三路"是一个漫长的旅程,创始人要相信就去做,如果将信将疑就不要去做,最怕炒夹生饭。最好也不要请咨询公司来做,也不要交给人力资源专员,否则就是一场灾难。因为有可能付出很大的代价,却不能执行到位。不能被很好地执行的制度,注定是一场空。

组织建设的六项法则

除了科学理性与精神感性,还有一个角度看组织,就是组织建设要遵循一些生态法则。

丛林法则

主要是对一线员工而言,拿结果最重要,谁打回粮食来谁就牛,这叫丛林法则,优胜劣汰。对于绝大部分员工,丛林法则是应该坚守的第一法则,做士兵至少要学会端枪,看一线的员工要用基本功——扎马步的视角去看,以短期结果论英雄。

进化法则

对于中层团队,要用进化法则去看,凡进到中高层的人都是在丛林法则下活下来的,物竞天择,适者生存。此法则要看他有没有系统思考的能力,有没有学习能力,有没有开放的心态,有没有归纳总结能力,所以叫进化。战场上,一个士兵打出来,活下来,成了一个排长,那他能不能成为连长?能不能成为营长?除了拼刺刀的能力,他有没有指挥步兵、骑兵和炮兵的能力?在组织中,他要有持续进化的能力。所以看中层干部的时候,要看他活下来以后还能不能学习与进化,除了他会的那门手艺,还能不能学习别的手艺。

道德法则

高层干部要用道德法则去看。位高权重的人实际上没有太多规则可以约束他们,因为他们掌控资源和权力,只有自己约束自己,所以要求他们有敬畏之心。道德法则的自我约束在高管和联合创始人这个层面是极其重要的因素。

道德法则也分公德和私德。私德如果不影响公德,你爱怎么样就怎么样,这是你个人的选择,只要你的私德不影响你履行职务的责任,一般而言组织不做评论。但是如果个人的选择影响履行公司职务,这就不是私德问题了,就上升到公德问题,组织就要及时干预和处理。我在阿里的时候有一个原则,"民不举,官不究;民一旦举,官一定究"。有些当事人找到我,跟我说举报人没有证据,我说没有证据你也得被开除,因为你的个人问题已经影响组织了。

适配法则

适配法则表现在几个维度,比如组织架构与业务的适配性。业务处在从 0 到 0.1 阶段的时候,组织架构变成职能制不是最佳选择,如果变成事业部制可能更糟糕。今天有很多时髦概念,扁平化、网络化、自组织,但创业早期千万不要跟风搞什么自组织,就要一个中心一个权威,便于快速决策,这才能适配。

关于组织形态从来没有一个最佳答案,只有最适配的选择。我不相信最佳实践,阿里的最佳实践对别人不一定有用,因为这是马云与他的创始团队一起塑造的，是适合他们这帮人的。你只有走到那个阶段，悟到的东西像马云的一样的时候，阿里的实践对你才会有用，所以不要相信最佳实践。

这不是说你不需要去学习，而是说知其然更要知其所以然，这样最后的选择才是最适配的。创始人一定要问自己：这是与我最适配的吗？是我最舒适的状态吗？不一定有答案，但是持续去问的时候，创始人就成长了。创始人同样适用进化法则，这个成长不是单纯源于学习外部知识，更多还是源于你要不断地提问，问自己。

另外，人才也要与业务特性适配。识别组织问题与人的问题，要搞清楚事情发生的背景是怎么样的，以及为什么会发生这样的状况。举个例子，我在西安杨森工作的时候，各地开有办事处，负责人都是从西安工厂派去的老员工，而当地的医药代表全是从当地医院找来的医生。结果我们每年招聘成本很高，训练成本很高，但流失率也非常高，超过60%。我刚开始以为是薪资低的原因，就调薪酬、调佣金，但结果还是一样。有很多表象的问题不能从表象去解决。后来我去走了一圈，发现真正的原因是上升通道的问题，我们从各地招来医药代表在办事处工作，有很多干出业绩的人，但他们永远没有机会去做办事处主任，因为办事处主任永远都是总部派人，这些医药代表没有成长空间，就走了。后来我们做了个决策，把总部外派的办事处主任全部撤回，把在当地做得好的医药代表全部提拔起来。

这么做有没有风险？也有，但是至少队伍很快稳定下来，而且在医药界的口碑越来越好。

这个例子是说，很多组织问题的背后有更深层的原因，对创始人来说，有时候要快刀斩乱麻，有时候则要用发展的眼光去解决问题。很多事不用争论，先干起来，原来的事就不是事了。人没事干就会生事，让他干事就没事了。

生长法则

强大的组织能力不是规划出来的，是自发生长出来的。但是生长成什么样，需要创始人去定一个调性出来。在战略制定的关键取舍上，创始人要明晰自己的初心，让组织不断往自我生长的方向前进。在这个过程中，企业的业务壁垒和组织能力会不断提高，这两个东西会帮助组织在竞争中取得一定的领先地位。这个领先可能只有半个身位，但是就像游泳一样，即使是半个身位，在巅峰对决时也已经是巨大的优势了。

组织的生长法则是指必须在天晴的时候去修屋顶，尽早找新的业务增长点。组织大部分的问题发生在业务停滞期，如果业务正在高速发展，所有的组织问题都不是大问题。要解决组织问题，最好的办法就是找到新的孵化业务。组织出现了问题，如果仅就问题本身去解决会比较难。很多时候，公司不成长，组织问题与人的问题就会放大，这是因为进入发展平稳期以后，机会越来越少，利润越来越低，可分配的资源越来越少，就会出现各种状况。最好的解决办法不是在那个给定的状况下去解决，而是另开一个方向和渠道，把人分出来，创造更多的业务机会，赚取更多利益，为组织问题的解决赢取更多资源。

冗余法则

在组织建设上，大家一定要保持点冗余的空间。举个例子，2010年年中，阿里做半年度复盘，那时候有淘宝、B2B业务、支付宝等，马云带着集团的领导层和每一个业务团队进行回顾。我那时在集团做CPO（首席产品官），正是淘宝如日中天的时候，GMV（商品交易总额）突破很大，团队牛气十足。结果复盘没有多长时间，马云就拍桌子了，说："你们今年做得非常不好，你们做了一些事情，但失去了'势'，取得了一些成绩，但水已经淹到胸口了，你们团队没有为未来做储备，我看不到明年的成长空间。"坐在对面的淘宝团队非常尴尬。

我记得乔布斯在斯坦福大学的一次演讲中说了一个概念叫"连点成线"。他辍学后曾去学手绘，当时也不知道学了有什么用，但当他后来去做苹果的时候，发现这在字体设计上派上了用场。我想说的是，创始人要有无用之功。因为你们天天面对压力与生死，大部分时候会变得非常务实与急功近利，但创业对于你们是一个漫长的征程，不要拘泥于一时。能不能找到自己那个"点"很重要，可能每一个点散乱的时候你不知道它有什么用，但是有一天这些点能连起来的时候，你就会有意想不到的收获，这就是留白的无用之功。

再举个例子。我在阿里负责 B2B 业务的时候，有一年招了 10 个省区经理，总监级别，没有具体工作，招进来后我没有分配任何工作给他们，但是我告诉他们，拿这个工资，给他们这个头衔，是要他们到各个省拜访客户，跟当地的销售团队去开会，去学习。之后，等我们做团队更替、扩区域的时候，就拥有了训练过的干部，尽量把风险降低。这些人招进来的时候不产出粮食，又花这么多钱，公司内部肯定有意见，但我说不要算这个账，因为今天的冗余帮你节省的是未来资源，这是你永远看不见的，你要相信我。这就是所谓的冗余法则。

这个例子是让大家明白，创始人对组织负有战略性责任，所以要有无用即有用的认识。不需要具体的药方，而是需要明白药方背后的认知逻辑，用这个逻辑去指导药方选择，大概率不会犯致命的错误。

创始人的责任太大了，所以要建立自己的组织观的根基，而科学、精神、生态法就是认识组织与人的根基，这样，你的内心世界才是安定的，才能履行战略责任。

把开具体药方的任务交给中层和高管团队，他们拿药方回来的时候，由于你的认知根基比较稳，你会很快识别他们的药方是否适合公司，是否符合你的喜好。世界上有太多工具和办法，但不是每一款都适合你，你得有自己底层的判断，选择哪一款适合自己。

当然，建立自己的组织观是一个相当漫长的过程，有几个层次要学习、思考，道、理、法术器，很多人是从法术器开始，从实践中学习，总结归纳，举一反三，成长起来。但作为创始人，还是必须从道、理入手来看法术器。道、理是指要明白自己是谁，想往哪去，认知的根基是什么。清楚这些以后，才能判断要采用的法术器是不是适合想去的地方，比别人少犯一点错误，或者速度比别人快一点，就是你的核心竞争力。

创始人的认知和能力水平往往就是组织的天花板，而且认知能力会很大程度上决定创始人的成长速度，反过来说，一个人所赚的钱超越不了他的认知水平。只有在客观、主观之间找到自己最舒适的那个度，不断迭代认知，才会对组织建设的长期战略有更清晰的判断。

HR 的定位、职责与原则

前文一直在讲创始人对组织负有战略性责任，既然是战略性责任，就需要一个搭档来做战略执行。一般来说，这个搭档就是 HR。除了招聘、发工资这种传统意义上的事务性工作，HR 到底是干什么的？作为创始人在组织建设工作中最紧密的搭档，HR 的定位是什么？HR 的职责与处事原则应该有哪些？

开篇我们就讲过，要从经营视角来看组织工作，组织效率的提升会直接影响经营利润。从这个角度说，HR 不只是职能工作的执行者，还是经营者，一定要以经营者的视角来经营人事。

HR 的定位

第一，老板要把 HR 当经营者看，而非仅仅是个职能工作的执行者。HR 应当是公司经营班子的核心人员，对公司的营收、利润的改善承担责任。当有这样的认知时，才能引导和要求 HR 在做决策时像经营者一样去思考，确定公司的重点，掌握资源投入的方向。

第二，老板要把 HR 当合伙人看，而非仅仅是下属。不管 HR 的头衔是什么，不管有无期权，你只要承担了人力资源工作一号位的责任，就一定要把自己当成公司的合伙人，要从自己的专业角度对公司经营做出应有的贡献。

第三，在定位上，HR 要发挥"和稀泥"与"搅屎棍"的作用。

"和稀泥"就是要看清楚，不要着急行动。老板说必须干，就要干，不干不行了。你说听到了，知道了，这就去干。但别着急，因为人力资源的决策是长周期的，所以要谋定而后动，要比负责业务的人更谨慎一点。当老板有新的想法时，别着急行动，先帮他算算账，跟他再合计合计，这个阶段可能要花 3 个月或 6 个月。

公司发展常常会进入一个均衡的状态，其实就是熵增的状态，不干预就会固化。所以 HR 要常常去看，一旦有均衡就去搅一搅，该调动的调动，该晋升的晋升，该拆的拆。这是 HR 发挥"搅屎棍"作用的情况。

总之，这两个状态，一个慢，一个快。日常的行动要慢一点，均衡状态来临时动作要快一点。

反过来说，因为有这样的定位，HR 也要武装自己。

第一，HR 得像个经营者。那什么叫经营者？至少你要明白公司的商业模式，公司产品所创造的用户价值，清楚上下游产业链，端对端的环节，产品、服务提供，生产制造、销售、支付，等等，至少要跟销售去拜访一下客户，看看不同的业务，深度了解公司。

第二，HR 必须学习一点财务知识，不需要精通，但至少要明白"三张表"，知道公司的毛利、成本、固定成本、变动成本、销售费用等。这样有助于更好地去理解公司经营状况，掌握资源的投入情况，做定量的思考而非只凭直觉决策。

老板都是经济动物，最关心公司的每一分钱怎么用，有无回报，这是本能，因为他头顶着公司的生死重担。如果你不是创业者，不处在这个位置，不扛这个责任，永远无法理解。那么老板要花钱时，就要先帮他算算账，让他觉得不亏。

第三，要培养自己的洞见、预判能力。洞见、预判能力不是天生的，是要后天积累的。首先，你要"闻味道"，转转圈，跟组织里不同岗位的人聊聊，看人效、看数据，发现组织发展的障碍。其次，要去判断怎么使用手里掌握的人力成本，比如股票、期权用在什么级别的人身上；改善利润的核心岗位和要素在哪里；价值链上每一个部门都重要，但核心力量在哪里；有限的人力成本，最能够让公司改善的地方在哪里；等等。这样可能对很多业务、人员不公平，但对HR来说公不公平是次要的，重要的是必须把公司有限的资源放在最核心的地方，这就是从经营者的视角看问题。

人的成长是一个持续的过程，尤其是HR。因为HR成长的反馈链条更慢，从想清楚到交流、确认，到最后实施，再反馈，直至见到结果，是一个比较漫长的过程，所以HR要有耐心和定力，更要有跨专业学习的能力。

HR如何与老板搭档

最重要的是，HR一号位必须了解自己的关键搭档——老板。

老板有两种，第一种是创始人与CEO是同一个角色，第二种是创始人、大股东与职业CEO是分开的角色。通常来说，大部分HR跟职业经理人一起工作会发挥得更好，跟创始人一起工作会比较拧巴。因为创始人和CEO是两种行事风格。大部分创始人相信直觉，他们对团队在目标上的需要未必敏感，但对市场机遇天生敏感；他们用人不拘一格，说干就干；习惯"闻味道"，守护用户价值、员工价值。而CEO或者职业经理人面对资本市场的压力，以守护投资者的价值为重。所以，他们在必要的时间节点必须明确公司的战略目标与方向，遵循组织程序，确定用人标准，以令团队信服的方式选拔核心人才，有明确的沟通程序、文化基调、优秀员工标准，让团队在正确的轨道上行进。

比如，星巴克当年遇到重大危机，亏损很大，只能请创始人霍华德·舒尔茨回来，他回来之后做了什么？当年的职业经理人要守护资本市场的价值，尤其关注增长，在全球开了很多店，拓建新的产品线，甚至卖起了早餐。舒尔茨回来后立马砍了很多店，回归"第三空间"的品牌概念，七年以后星巴克回到了1000亿美元的市值。

创始人本能地比职业经理人更倾向于破坏性创新，职业经理人天然地更倾向于确定的规制。事实上，杰出的创始人+CEO是不多的，这需要他对人、对事都有极强的洞察力，不过这都可以有意识地逐渐体会和学习。

创始人的随意、随机与直觉在某种意义上是企业宝贵的财富。HR需要像一个职业的经营管理者一样，通过体系、框架、专业性来组建一个合理的团队，去跟创始人配合，要寻找各种办法来配合创始人的特质，团队才不至于被搞得太乱，同时又能保护创始人的创新力、创造力。

如果你的老板是一个非常喜欢规制、确定性的人，更偏向成一时，成一件事，成一个用户群，成一个产品，这在战略上或许对组织是种伤害。此时你需要让天平往另一端倾斜，在搭建队伍的过程中寻找、培养与他互补的人。HR一号位必须了解老板的倾向，然后搭班子互补。

从经营者的视角来看，HR一号位一定要参与公司重要的战略会议讨论，如果没有机会则尽量争取。任何一个战略都一定会落在重要的人才投入方面，包括用谁不用谁，领军的关键人物行不行，有没有人才储备，外聘还是从内部找等诸多方面。

此外，HR一定要跟财务部门建立好关系，因为这涉及战略能否落地。战略要落地首先要回答以下问题：组织能力够不够？组织的能力背后是钱财兵马粮草，这些够不够，准备怎么搞？能支撑多久？……HR要解决当下的问题，构建未来，要完全地参与战略，从战略入手分拆组织结构，来看核心人才与战略之间的匹配程度。

首先，HR要"借假修真"，也就是借助业务来培养人，借助事件来建文化。在公司运营和管理体系里，文化是根，业务是苗，员工是本。文化驱动的起点是使命、愿景、价值观，HR要帮助老板以及经营团队厘清商业价值观与组织价值观。这也是为什么HR所做的任何投入产出，最终要用三年、五年甚至十年才能最终形成公司的企业文化。

价值观对于HR一号位很重要，因为要从HR的角度来帮助组织建立默契。企业文化就是这样一种默契。企业文化层面的默契简单地体现为一样的语言体系，一样的行事风格。起码公司核心的决策班子要在组织价值观与商业价值观上一致，组织的内耗才能被降下来。

其次，HR与老板的配合要落在人员的招聘和能力提升上。轮岗、培训，或者创造一个学习的氛围，都是手段，都是为了打磨组织的价值观以及人员的承载力、抗压性。同时，找调性相同的人是HR的重要责任，如果大家在价值观、愿景、使命上都不一致，面和心都与组织不和，公司就会出现所谓的"官僚"与"山头"。HR要想办法避免这种情况，最核心的办法是从"上三路"出发，这是战略性层面的事。

最后，HR不必过于纠结公司业务一时的好坏，而是要从经营者的视角去建立价值观驱动的流程和机制，帮助老板和核心团队建立起企业文化。

HR的主要职责

HR的战略性任务主要有三个方面。

一是帮助老板搭建一个好的经营班子。我认为，核心经营班子七成的人员得自己培养，三成需要外招。无论是内部培养还是外招，"对上眼"都很关键。哪里来的并不重要，重要的是他跟老板或者联合创始人能不能"对上眼"，如果对不上，磨合成本会非常高。一个组织需要多元化与兼容并蓄，但多元是指大家的行业经历与专业背景多元，思想、认知、行事方式则要尽可能相近。

二是确保人力资源分配的有效性，以支持业务拿结果；三是推动建立体系、流程、制度，沉淀文化。

这两项战略任务落实到日常的运营，就是HR要承担两项核心职责，一是确保公司的人才供应链，二是保证公司内部的文化氛围。

先来看什么是人才供应链。我认为成熟的人才供应链至少包括三个关键维度：新人的存活率、晋升者之后的成功率、干部梯队的储备率。

在阿里体系中，"政委"最重要的任务就是建立人才蓄水池，比如一批人要晋升到M3，那HR要关心组织里M2层级的人够不够。这就是预备干部梯队的培养，你只有培养这些人，才能保障干部梯队的储备率。

再来看文化氛围。在确保公司内部氛围上，HR要平衡公平和效率。没有规则不行，就像家要有家规，家规就是制度；要有家风，家风就是文化氛围。你有什么样的家风，就会制定出什么样的规则。你进华为，首先感受到的可能就是"流程是我们的生命"，你要到华为大学，在门口就能看到"小胜靠智，大胜靠德"的标语，这就是华为的家规、家风。

公司所有的制度流程，包括晋升、考核、薪酬、激励、处罚等，都要理清楚。用制度维护制度，用制度制定制度，其中最重要的两个制度，一个关于名，就是晋升、处罚、降职；另外一个关于利，就是奖金、工资、期权。执行制度必须一视同仁，维护制度最好的办法就是在执行的时候要一致。简言之，规矩没有好坏，好规矩在执行时标准不一致也会成为坏规矩，不好的规矩在执行时标准一致也可能变成好规矩。

除了一致性，透明性对于公司内部氛围的打造也非常重要。一个人为什么能晋升？另一个人为什么要被开除？HR要能够公开讲明白这些决定背后的原因和逻辑。能讲明白这件事本身就会让员工有安全感，这就是透明的力量，好事、坏事都要透明。为什么？因为员工最怕的是信息不对称、标准不清晰、不一致，怕的是暗箱操作，一家公司需要给员工安全感，这样组织才能健康发展。

在此补充一点，制度执行的一致性与透明性其实与HR"搅屎棍"的功能有一定冲突。但人事总是复杂的，在理想和现实之间只能尽量追求一致和透明，总会有一些情况需要特事特办。HR要能够处理好，这就是所谓管理的灰度。

另外，HR在平衡公平与效率上要以人效为抓手，推动新技术应用，维护组织的"肌肉率"。组织变大就像人变老了一样，皮和肌肉会分离，要保持肌肉的粘连性就要抓人效，这始终是HR要保持敏感的事情。HR要看数据，关心单位产出，单位投入的边际收益、人工成本、培训费用等，尽量将其数据化。从过往来看，新技术是带来人均效率改善的最大杠杆，所以从经营者的视角来看，HR对新技术一定要持非常开放的态度。

HR 是公司与员工之间的桥梁，体现公司的温度

我用两个词来形容 HR 的工作就是"高高低低""雌雄同体"，上得厅堂又下得厨房。HR 可以是员工的知心大姐，也可以是心灵按摩师。

HR 要打造一个平台，提供优秀的基础服务，让大家觉得方便、被关心，要赢得员工的信任。也要建立一个渠道，让大家了解公司和领导对自己的期望，同时反馈员工的想法和建议。还要营造一种氛围，让大家可以好好地交往、合作，学习、进步。

比如我在阿里时，会请专业摄影师来给公司的摄影爱好者开讲座，请驴友来跟喜欢旅游的人做分享，很多人股票套现了以后，我会请理财专家进来讲讲理财之道。要关心别人的需要，你关心别人，别人有情况的时候才会跟你讲真心话。

HR 需要有自己的"眼线"，不是为了监督，而是为了更全面掌握组织的状况与员工情绪。组织永远包含一个正式组织和一个水面下的非正式组织，真正运行的时候，非正式组织有时比正式组织更有效。"眼线"就是非正式组织的重要组成部分。

HR 作为公司和员工之间的桥梁，要遵守一些基本行事法则。

首先，人事无大事，人事工作就是由一件件小事组成的，但人事也无小事，与人有关的事都是大事，所以 HR 要不以恶小而为之，不以善小而不为。

我曾经处罚过一个发错工资的 HR。那时我们大概是 2 万人

的规模,对这个 HR 来讲,发错一个人的工资是两万分之一的差错率,而对被发错工资的员工来说,受到的是百分之一百的影响,我不能接受。那个 HR 来跟我说是系统出了问题。我说是谁负责系统维护的?他的领导站了出来。我问他怎么办,他说今年的股票、期权他不要了。我说,这么容易就想过关吗?直接降级处理,具体操办人取消薪酬福利,再犯第二次就开除。从那以后,他们每一次发工资都小心审核,生怕再出状况。

有时候下狠刀是对员工负责,对当事人负责,为了帮他避免将来犯更大的错。人从负面事件中学到的经验超过从正面学到的,因为负面事件会让他痛苦。很多人的职业素养就是通过这样的训练变得可靠起来的。

其次,人事工作"定性"的多,但也要"定量",在定性中要有成本的考量。每一笔奖金,每一个绩效评价,最终要有能力体现到公司的财务指标上。比如说,我要求考核遵循"271"原则(271 即 20% 的人优秀,70% 的人是平均,10% 的人被淘汰),每次有部门来跟我争,他说他们部门优秀的人有 40%,我说我帮你算算账:综合预算、奖金成本、奖金包的数量,如果给 40% 的人评优秀,那优秀的人跟平均的人得到的奖金差不多,对大家起不到激励作用,你还要这么做吗?所以,对于做业务的人,定性加定量的考核更有说服力。人事决策背后都涉及成本,所以 HR 要有成本意识。

最后,考量决策时所依据的是法,实施时要回到现实考虑情与法，这就是管理的灰度。尤其是组织环境并非典型的制度与法治环境，所以每发生一件事的时候，可能按法律处理毫无问题，但于情理行不通。所以在做决策时，回到公司最小责任的状态，在最小责任与最大人情之间做权衡，这就是理想层面的人事决策区别于具体实施的意思。

所以，HR要懂中庸之道，要知进退。

中庸的意思不是平庸，而是抓住所辖领域里的核心，包括组织结构合不合理，领军人物行不行，干部梯队的储备足不足，等等，其他的尽量放手。知进退就是要务实、懂得灰度管理等，既要做和事佬，又要做挑事者，看团队之间的关系、老板与员工之间的关系，不同状况下采取不同的选择。遵循制度和流程，但不完全拘泥于制度和流程。制度跟流程只能处理80%~90%的事，总有一些需要特事特办。

我经常讲"楚王绝缨"的故事。说的是有一次，楚王赐酒给群臣喝，酒兴正浓时，突然蜡烛灭了，一个妃子对楚王说："王，有人趁蜡烛灭后拉我衣服，我把他的帽缨抓下来了，只要看谁的帽缨没了，谁就是拉我衣服的人。"然而，楚王却说自己赐酒宴臣，醉后失礼是常情，不能让大臣受辱，于是让群臣皆扯掉帽缨，然后再命人点灯继续喝酒，直至尽欢。后来楚国与晋国交战，有一个将军奋勇争先，几次战斗都冲杀在最前面，帮助楚国获得了胜利。楚国最终也强盛起来。而这个人正是拉妃子衣服的那个将军。

有的时候需要在进退之前,预先给予。楚王完全可以杀了那个将军,而且合情、合法、合理。但他懂得取舍,知道在那时将军于自己更重要,因此让大家先扯掉帽缨再点灯,他的价值判断于其"组织"的发展而言非常准确。

希望大家明白,有的时候要大体上清楚,装一装糊涂,有的时候也要破坏一下规则,这是建立信任最好的产品。

最后,HR要守住一条——"此心光明,亦复何言"。

HR要尽量让自己无私、少欲,对于名利淡泊一点,对于聚光灯一类的事要有天然的钝感,因为你跟人性、制度、流程、灰度等打交道,在不同的场合游走,如果私欲和名利心太重,迟早会摔跟头。

无欲则刚,你不会被质疑太多,也无须付出过多的解释成本,人情世故简单,处理团队的问题就都很简单。

HR的工作像慢火炖汤,长周期、琐碎,没有明显的大战功、大成绩。你是想做一个职业者的HR,还是经营者的HR?每条路都好,要看你自己怎么选择。任何一个选择都有代价,你做了选择,就要承担相应的结果,每一个选择都会影响你当下与未来的状态。人的成长不可能超越自己的认知,所以人如果要成长、改变,必须改变自己的认知。认知对了,心法对了,办法就有了。

/第三章/

战略先于组织,组织重于战略

战略只回答一个问题——怎么盈利，怎么持续盈利？回到具体的毛利、市场份额、价格、竞争上，战略是关于盈利和持续盈利的一系列政策；是对未来的判断，包括对客户群体与技术变化的判断等一系列问题。战略要与创始人的禀赋适配，组织要与战略适配。说到底，公司就是一系列契约的中心与载体，要确保契约顺利运转，就需要我们建立与之适配的组织。战略要落地，组织就是唯一能够实现战略的载体，组织效率、效能与净利润挂钩，组织建设是使战略持续得到有效执行的保障。

作为创始人，很容易将公司视为自己的孩子，很多人难以摆脱这一点。但我们如果将公司理解为一个契约中心，就能理性地寻找盈利和持续盈利的基础，对于契约和忠诚也会有新的认知。所有的东西一旦承诺了，尽量兑现。干部要获得团队的尊敬与信任，不是指官威和权力，而是说要赢得团队的信任，而这取决于你的承诺能否兑现。

老板都希望有一个忠诚的团队、信守承诺的团队，那他自己是什么样的？在利益小的时候什么都好办，利益大的时候，之前的承诺成本就变得很大，对老板来说损失就会很大，还要不要兑现？想清楚这些，创始人会在很多方面克制自己。

战略与组织的关系，可以用两点来概括：第一，从时间维度看，战略优先于组织。在现实情况中，很多问题看起来是组织层面的，其实是战略或业务没有梳理清楚，在这种情况下去解决组织问题，只会更加混乱。第二，从重要性上看，组织重于战略。战略会随着技术、市场环境的变化而变化，没有一成不变的战略，也没有常胜的战略。因此，要持续做对决策、取得成功，唯有靠组织。长期来看，组织能力才是一家企业长久发展的核心竞争力。

今天已经不是靠钻制度的空子就能创业的年代，市场经济是需求带动创新，技术和资本推动创业，但这些外部条件都要结合创始人自身的禀赋。马云的禀赋是这样的，马化腾的禀赋是那样的，他们的创业方向是完全不一样的。起步的时候可能没有太大区别，都是看到了一个市场需求，然后有了一个机缘开始创业，初期也没有什么使命、愿景，但一定要清楚自己的禀赋。

人千万不要拧巴，拧巴的时候大家都很难受，战略的起点就是要明白你在哪里。由于所具备的特色、禀赋不一样，组织越过从 0.5 到 1 的阶段后就会走上不一样的道路。举个例子，阿里更多靠运营与战略取胜，腾讯更多靠产品与用户体验取胜，这决定了它们在组织上所要关注与发力的点不太一样，组织的文化调性也会不一样，这是自然形成的结果。

举个例子。当年阿里有一个副总裁去美国参加会议，飞机落地以后收到马云秘书的短信，"马总明天要开会，希望你来参加"，这个高管会采取什么行动？他机场都没有出，马上买机票回来。坊间传闻腾讯开会，马化腾在深圳，张小龙在广州，张小龙说我不去，马化腾说我派车接你来，从广州接到深圳开会，张小龙在开会的时候打瞌睡，也没事。这就是因为两个组织的文化调性不同，一个是强组织性，一个是弱组织性，二者没有对错，没有好坏。这正是基于它们不同的业务模式与禀赋，阿里需要强运营、强执行，所以纪律重要；腾讯是产品驱动，纪律可能没那么重要。当然，这些不同的调性背后是制度与规则的支持，也就是前文讲的有机文化与无机规则相结合。

这个例子中，副总裁刚落地美国又马上飞回来开会，如果不回来，也不一定会发生什么，但是我相信绝大部分的阿里高管会飞回来，这就是阿里的文化决定的。公司没有一个规矩说马云开会通知你，你就必须到，不到就会怎么样，但是由于组织的持续运营，高管之间相互的默契，所谓的组织文化就形成了，习惯会让他不用想就采取行动。

再举个例子。我在阿里的时候常常晚上接到马云的电话，他打电话通常会说："老邓，我觉得这个副总裁有点儿问题，你去看看是怎么回事。"坊间传闻，马化腾也经常晚上给员工打电话，通常说的是："我试了一下这个产品好像这里有问题，你们去看看是怎么回事。"这就是两家企业的差异，组织调性也是由创始人的成长背景、知识结构与禀赋本身塑造的。

这就是组织与战略的关系，从创始人的禀赋切入，找到一个战略原点，然后通过一系列的决策，在发展过程中逐步形成具有自己文化调性的团队与组织，再通过一系列的制度、流程与规则来保障组织的持续进化。

战略选择决定组织形态

每个人对战略都有不同的理解,战略的核心是"对未来的判断"。这个判断由两部分组成:第一,判断成立的假设和依据;第二,判断之后的结论和行动。

以埃隆·马斯克为例,他认为,地球终将会毁灭。这个判断的假设和依据是,人口的增长、资源的枯竭、气候变暖、生态恶化等等。他的结论是什么?拓展人类的生存空间。据此他制定了两项战略:第一,要让地球毁灭这件事变慢一点,于是他开始做特斯拉,使用新能源,减少碳排放;第二,要开拓人类新的生存空间,于是他开始做SpaceX(太空探索技术公司),探索移民火星。这是马斯克对未来的判断以及假设和依据、结论和行动。

我们到底应该采取怎样的策略,形成怎样的商业模式和产品?在不同人的认知中,这些方案是不一样的。对马斯克而言,这些产品是特斯拉,是SpaceX,是Neurolink,这三个不同战略产品的出现都基于他改变未来的洞见和判断。

战略要回答我和谁打仗,我为什么要和他打仗,我取胜的方法是什么,以及我想服务于谁,我怎么服务他们,我如何赢得市场竞争等问题。如果这些问题没有梳理清楚,你大概率不能建立一个有效的组织。战略永远是超越今天能力的,世界上所有伟大的公司,我们今天看它很伟大,是因为它有伟大的梦想和战略。而伟大的梦想和战略要想成功落地，必须有组织保驾护航。

战略是一个非常严肃的工程，是对智力与情感的双重拷问。所有的战略都是超越逻辑和理性的，因为它需要意志力，这样才能够集中有限资源，实现一个远大的目标。

那么战略到底是怎么形成的？借用曾鸣教授的框架，如图 3-1 所示，"想做""可做""能做"三者的交集，"该做"的事，就是战略。

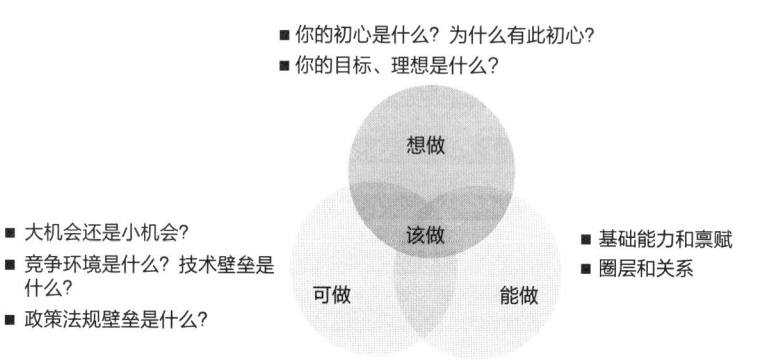

- 你的初心是什么？为什么有此初心？
- 你的目标、理想是什么？

- 大机会还是小机会？
- 竞争环境是什么？技术壁垒是什么？
- 政策法规壁垒是什么？

- 基础能力和禀赋
- 圈层和关系

图 3-1 战略制定的锚定和前提：找到"该做"的事

想做

想做的事，就是初心。比如杨森制药的初心是"解除人类的病痛"，阿里的初心是"让天下没有难做的生意"。在业务发展早期，企业的初心一般是非常清楚的，但是当业务发展到一定阶段后，就面临战略抉择的问题。

以阿里云为例，做了十多年的时候还在亏损，从投资回报的角度看，这是值得好好讨论的业务。其实当初决定做阿里云的时候，集团内部开董事会、运营会都在纠结到底做不做，因为每年要投入几亿美元，还得投大量的人进去，业务却总是亏损，十多年坚持这件事是不容易的。

从财务的角度来看应该停了这项业务，但是从企业使命的角度来看，这个业务应该继续进行，因为阿里的初心是希望中小企业不要花费时间、金钱养专业的IT（信息技术）人员，不要为机房操心，不要为算法操心。阿里提供公共的平台服务，以便这些企业专心做好它们的生意。对于阿里这样大一点的公司，要做大的资源取舍，每年投几亿美元去做点别的东西回报可能更大，但这不是一个纯财务视角的投入选择，而是一个使命驱动战略视角的选择。

这是使命和商业回报的区别，也是商人和企业家的区别。生意人、商人跟企业家之间，在这个阶段开始形成分水岭，生意人只考虑投资回报率，看能不能赚钱；商人要考虑能不能做大、做强；企业家除了考虑这些，还要考虑自己在解决什么行业问题或社会问题。企业自己的资源、规模、影响力足够大了，才有机会去想使命的事。资源、规模、影响力足够大了，面对的压力跟周围的期待，以及任何一个决策的影响面也都会越来越大。

团队的初心是创始人决定的。这需要时常回顾一下想做的这件事，因为创业的旅程非常漫长，失败的概率远远超过成功的概率，没有初心的意义与目标支撑，走下去是很困难的。而且在公司发展的过程中，有太多因素会影响对初心的坚持。会面临很多充满诱惑的事情，会有很多新的机会找上门来，至于要不要做，就要看自己的初心变了没有。

《华为基本法》的第一条如此写道："为了使华为成为世界一流的设备供应商，我们将永不进入信息服务业。"为什么有后面这半句？因为信息服务产业当时非常赚钱，但是任正非认为这不是华为的发展方向，华为就是要做最好的硬件。这是企业家基于企业使命在资源投入上做的取舍，也是一般人很难做到的。

在创业的路上，各种妖魔鬼怪都会来干扰你，你如果只会像唐僧一样念经，不像孙悟空一样拿出金箍棒来斩妖除魔，大概率是走不到西天、取不到真经的。所以创始人需要拿出杀伐决断的魄力来，要敢于对长远事业做出判断，包括人员上的取舍。想做的初心，是战略最原始的基因。

可做

想做更多的是感性和直觉，可做是理性和感性之间的结合。

首先，应该从政策法规判断这件事是否可做。做金融很赚钱，但如果没有相关牌照，就做不了。有一些事情可能会有风险，但是法律、法规也没禁止，那这里就存在很多机会。因为技术在进步，消费群体也在进步，法律法规若跟不上市场的变化，有洞见的人就能在模糊地带寻找到利益空间最大的部分。这是成为优秀商人最重要的品质，敢于承担风险，同时又对风险有评估。在合理的风险之下聚集自己的资源，找到可做的路径。在风险与收益之间、政策明确与模糊之间找寻机会，该收手的时候一定要收手，要有敏锐的洞察和判断。

其次，还应该关注战略是否可以帮企业形成壁垒，其中有很多是对市场的分析。比如技术的成熟是否可以支撑商业模式，如果诺基亚没有发明触屏技术，苹果手机会是什么样？理性分析的工具包括 PEST 分析模型、波士顿矩阵、迈克尔·波特的五力模型、SWOT 分析等，这些都应该被纳入考量范围。

在理性的分析之后，还要加上感性的要素，即如何在不可做的部分中寻找可做的部分。对风险的洞察是企业家精神中非常宝贵的东西，没有风险就没有收益，如果等到所有东西都论证清楚了再行动，市场早被瓜分干净了。

能做

能不能做这件事，在早期与创始人及创业团队的圈层有关，不仅包括每个人本身的专业技能，也包括人与人的关系，彼此之间信不信任。

比如不懂技术的人非要进行技术方面的创业就比较困难。创业团队要知道自身的禀赋到底是什么，以及对什么东西是能敏锐感知的，这样无须太多思辨就能很快产生洞见。创业团队首先要了解自己，所谓自知者明。老话说"知人者智"，建立团队时，要想清楚谁适合跟你一块。不管是夫妻档还是老友档，如果两三个人可以互补，即使禀赋有点差异，你擅长这个，我擅长那个，大家凑在一起，成功的概率也会大一点。

只有想清楚想做的什么，保持感性和初心，之后进行论证、风险控制，再加上禀赋组合，才会形成核心的战略，这就是所谓的战略生成。

在今天技术与市场快速变化的环境下，规划型战略越来越不靠谱。我们只能规划战略方向，更明确的战略往往是在实践中涌现出来的，但涌现型战略对组织提出了更高的要求。

以阿里为例，最初在战略规划的时候并没有想到今天的支付宝，它是当初遇到困境时的一个解决方案。在早期信用极度缺失的情况下，C2C（消费者对消费者）的淘宝始终面临一个难题，下了单以后，买家说你不发货我不付钱，卖家说你不给钱我不发货。淘宝作为平台运营商能怎么办？能不能建立这样一个监管账户，买家下订单，就把钱打到这个监管账户里，卖家收到买家已经付钱的通知就可以发货了，等到买家收到货物确认无误之后，监管账户再将钱转给卖家？支付宝就是始于这么一个简单的想法，是为了解决 C2C 场景下的交易信任问题，跟战略规划没有丝毫关系，但当时谁也想不到它今天会发展得这么大。

规划只能规划一个方向，对于这个大方向的战略实现路径，一定要很认真地思考。阿里曾经放弃过两个具有重大沉没成本的战略，一是阿里软件，二是阿里手机。阿里曾经投入大量工程师资源开发手机操作系统，因为阿里经常要跟手机厂商合作，所以就想："要想移动互联网嵌入我们的应用，我们要买流量，那为什么不自己做系统？"然而，当真的投入了巨大资源的时候，却发现开发操作系统远比想象得要难，当时样机也出来了，但最终折戟沉沙。

也就是说，一方面，战略方向要守住了；另一方面，可做、能做的在变化，核心决策层始终处于危机和向死而生的过程，这样才能找到最合适的取舍和聚焦。其中的取舍，也许没有对错，但可能事关组织的生死。

组织反作用于战略执行

从对长期发展的重要性来看，组织比战略更重要。这是因为组织是由人组成的，而战略是由事实和假设组成的，不管是事实还是假设，都是由人分析和提出的。

人群大了就可能成为乌合之众，但从最基本的经济学规律来说，个体需求和实现需求的能力之间永远存在巨大的矛盾，所以不得不将人聚集起来。人聚集起来以后，会在分工和专业化上产生效率的提高。亚当·斯密《国富论》的核心思想就是分工、交换。只有分工与交换才能让每一个个体最大程度地被满足。一个人如果从种棉花到缝纽扣，一直到制成成衣去卖，从事全链条工作，就没有时间、精力在任何一个专业领域极致化。人聚集之后再分工，专业化程度会更高，进而会带来效率的提升。组织的本源就是这样基本的逻辑。

但另一方面，组织起来的人又有"乌合之众"的一面。因为每个人都有自己的欲求、欲望，怎么使"乌合之众"实现效率和专业化的效能？这是组织本身要面对的巨大问题，人不组织起来不能做更大的事，人一旦被组织起来就有投机取巧产生。

因此，在享受组织起来的效率和效益的同时，必须有所谓的初心与使命。人的个体欲求和组织欲求之间永远会有矛盾，个人要服从组织，只有使命、愿景最终会让"乌合之众"变成团队。在个人欲求和组织目标之间每个人都可以做选择，组织的信仰如果不是我要的信仰我就退出，是我的信仰我就加入。

要使拥有不同欲求、不同价值观的人组织起来更有效，就需要流程与制度。让每一个人遵照同样的流程、制度，把个体性的差异用这样的流程、制度规范起来。流程、制度会告诉所有人，在这里什么行为会得到奖励，什么行为会有后果，用大棒和胡萝卜让离散的群体团结起来。

在业务推进的过程中，战略的定位、定力会在组织生根，组织的中高层干部会掌握战略思考能力。用两三年的时间精力将组织团队建立好之后,一方面,做生意卖东西、赚利润,另一方面,用做生意的反馈不断修正自己的战略定力和团队能力。两者结合之后,就有机会拉出第二条甚至第三条业务曲线。这样的企业不仅会活着,而且大概率活得比较好。

从团伙走向团队再走向组织,就是这么一个过程,中间会有无数的决策点,这些决策点会强化制度与文化的关系。用商业价值观来指导商业资源分配的决策,用组织价值观来指导怎么分配人力资源,晋升谁,开除谁,慢慢就形成了这个公司的文化,组织就是这么来的。价值观与使命决定着资源的投入,资源投入的选择反过来又会加强价值观和使命。

再举个例子你们就会明白组织如何反作用于业务,无机的网络与有机的网络在组织中间怎么结合。我在阿里负责B2B业务的时候,有一家大企业找我们做一个电子商务网站,大概给我们200万元。当时,"中国供应商"产品的收费标准是5万元一年,200万元意味着要卖近40个"中国供应商"产品,那时候一个优秀的销售一个月可以出四五单,所以需要8个人卖一个月才能卖出这200万元。我问了一下开发工程师,他们几个人一周就可以做完这个网站,200万元就到手了。面对这个选择的如果是你,你做不做?而且那时候阿里营收状况不好,还没赚钱,也需要赚钱,这个活到底要不要接?这个决定对很多公司来说也许很简单,如果是个生意,有钱赚,投入三五个工程师干一周结束，拿 200 万元进来没什么不好，而且给大企业做，也有面子。但阿里决定不做，因为它的使命是服务中小企业，不能为了钱就忘了自己的初心。这就是一个很典型的组织的价值观作用于商业决策的故事。

组织最终是一个强化闭环反馈系统，价值观与业务决策会形成组织共同的认知。价值观和使命从来不是说说的，而是要落在每一个商业决策上，是用真金白银来衡量的。如果不能用真金白银来衡量，不能指导商业决策与资源分配，那干脆别搞它。我再强调一遍，使命、愿景、价值观这种无形的东西成本很高，没有和业务发生冲突的时候没关系，一旦有冲突，即使是为了捍卫使命与价值观，也要做这样的决定，也要依据所倡导的价值观做决策，否则价值观就会失效。

当年阿里因为 B2B "黑名单" 事件，处理了上百号人，阿里铁军主力部分被离职，这是刮骨疗伤。因为在阿里的价值观里，有一条叫诚信，以此作为组织决策的依据，不管这个代价多么巨大，都要坚守。使命与价值观是一个很严肃的事情，要有，就要准备付出代价；如果你不愿意付代价，最好别说自己有价值观。而且越是在最难的决策面前，价值观越是要发挥作用，它不仅是做决策的依据，还会带动整个团队形成归属感、安全感和向心力。

对组织来说，文化的起源在于价值观，不在于规章制度，不在于议事决策的机制是民主集中还是独断专行，价值观促进文化的形成。如果你希望这个公司是一个有文化调性的公司，就必须明晰组织价值观和商业价值观。正因为捍卫它的时候成本巨大，所以它才有力量吸引跟你志同道合的人，才会形成团队内部背靠背的信任，那些不相信的人终究会被淘汰，或者刚开始只是装着相信，装着装着他真的信了，他也会融入这个体系。

再讲一个案例。20世纪80年代，里根当美国总统的年代，强生有一个拳头产品叫泰诺，泰诺是OTC（非处方）药品，能在超市售卖，结果发生了一个案件：有人往在超市售卖的泰诺中放了一粒氰化钾，消费者在使用后出现了死亡事件。这件事曝光出来，强生其实有无数的理由推卸责任，比如说药品有严格的检验标准，经过批发渠道进入超市，离厂以后跟生产厂家就没关系了。但是当时强生的CEO詹姆斯·伯克没有任何犹豫，马上把市场上这个批号的产品全部召回，这造成了几亿美元的损失；然后召开新闻发布会，讲清楚是如何看这件事情的，以及会采取什么行动。

员工加入强生，第一课一般就是总裁向其讲述这一类的故事，告诉员工"我们是谁，我们相信什么"。强生的价值观叫作"我们的信条"，信条永远在第一位，要求对使用自己产品的父亲、母亲、婴儿以及医生、护士负责，这是强生的第一责任。所以当年CEO这个决定很简单，因为强生有价值观，处理问题时要回应这个价值观。但是这个成本是非常大的，不止几亿美元的损失。召回事件一年以后，强生采取了很多措施，改善药瓶的结构，让瓶盖不能轻易打开，然后再将其投入市场，很快这个药品的销量就回升到了原来的水平。因为这件事，詹姆斯·伯克赢得了那年的"美国总统奖"，而强生也获得了"最受信任的品牌奖"。

这是典型的价值观与商业决策互相成就的案例，这个公司已经存活了100多年，从一战开始到现在。它的竞争对手也遇到过类似的情况，采取的措施却是撇清责任，"出厂的记录检验是没有问题的，经过渠道到达超市后发生的事情不是我的责任"。美国还有另外一个评价公司的标准，叫"全球最受赞赏公司"，强生在《财富》世界500强榜单中排在两三百位，但在"全球最受赞赏公司"榜单中永远排前十。我在强生待了大概十年，在阿里待了十多年，阿里是我工作时间最长的公司，为什么我在阿里相对比较适应？其实跟我在强生的这一段经历有关系，它们的底层逻辑与信仰很类似。

我讲这些案例是想让大家明白，使命、愿景、价值观作为组织的底座，会反作用于战略与商业决策。你们如果真的相信公司的使命、愿景、价值观，就要做好付出巨大成本去捍卫它们的准备，而由此产生的商业回报也是巨大的。它们是无形的，虽然可能被贴在墙上，但不是虚的。每一个无形的东西都比有形的"贵"很多，你不要随意去做，要做就想清楚了全力去做。

做不做都可以在商业上获得成功，但是要想做成一个受人尊敬的企业就需要有使命、愿景、价值观，最怕的是又要"立牌坊",又没有真的践行,那样就太内耗了。作为创始人,你是机长,是船长,是最高指挥官,你要承担起相应的责任。坐在这个位置上,要清楚自己认知的底层,否则就会随波逐流。如果随波逐流,这个公司要么无法存活,要么就是赚点钱,但不长久,在历史的长河中也留不下自己的足迹。

组织保障支撑战略落地

目标拆解

战略要落地,分为几步:首先要有 1~3 个清晰的战略目标,先摆脱组织架构按业务逻辑来拆分,然后优化调整组织架构,最后根据调整后的架构给每个部门制定明确的 KPI。

好的战略目标一定是非常清晰和可量化的,不仅能让所有人明白,同时能够让他们找到和自己的结合点。战略目标必须像一座清晰的灯塔,要有牵引力,引导所有人往这个方向思考和行动。围绕战略目标,就要有产品和运营计划,这时就需要借助 OKR[①] 和 KPI 来分解战略目标。

战略目标要简洁、直观,让员工容易理解并采取行动。打个比方,2003—2004 年的时候,阿里只有一个战略目标——整

---

① OKR 即目标与关键成果法,是一套明确和跟踪目标及其完成情况的管理工具和方法。——编者注

个公司盈利 1 块钱。这个战略目标落地必须让每个人都找到抓手，有一次我和保洁阿姨聊天，她告诉我："公司的手纸从 1 块钱一卷变成了 9 毛钱一卷，一卷手纸就可以省出 1 毛钱，省下的就是赚到的，那我就为公司营收贡献了 10%。"

以阿里为例，2003 年阿里在战略上决定了要做 C2C，淘宝要打败易趣、eBay（易贝），并制定了在 2004 年要达成 1 亿 PV（页面浏览量）的战略目标。那时虽然还没有 OKR 和 KPI 这两个工具，但回顾完成战略目标的历程，使用的方法其实类似。当时我跟孙彤宇带领的淘宝管理团队开始分解这 1 亿 PV 的战略目标应该如何保障，花了一天半的时间梳理重要参数，比如商品数、商品分类、交易笔数、用户评价体系，等等。

当时，我们并不按照现有的部门来分配、拆解具体指标，而是思考如果要完成 1 亿 PV，这个指标和谁有关系。比如至少需要 1 万个卖家进驻淘宝，有卖家才能有浏览，那么这 1 亿 PV 就和卖家数量有关系。卖家数量和市场部有关系，和运营部也有关系，市场部负责拓展，运营部负责维护，所以这 1 万个淘宝卖家的指标，市场部要负责，运营部也要负责。

再往下分解的时候，我们给市场部布置了三个任务，给运营部也布置了三个任务。每个部门都有核心的三件事。为什么是三件事？核心任务一定要简化，大部分人同时玩三个球是可以的，但是超过三个球，一些球就可能会掉落。KPI 考核有权重，如果某一项任务的权重低于 20%，就不应该设为 KPI。如果一个人有 10 项任务,每个任务的权重为 10%,那这是最糟糕的 KPI 设计。什么都想考核,反而什么都考核不了,一定要让他把时间精力集中在你期待他全神贯注的那两三件事上。

在战略拆解的时候,第一步要摆脱组织架构,以 OKR 的方式完成战略目标拆解,如果组织架构和战略目标之间有矛盾,该拆分拆分,该合并合并。完成目标拆解和架构优化之后,就进入了 KPI 阶段,给每个部门定关键目标。顺着这个思路,当年到了年底的时候,我们基本完成了 1 个亿的 PV 目标。

OKR 是组织支持战略落地的工具,KPI 是考核、分配、绩效管理的工具,两者并不矛盾。为什么要先用 OKR,再提 KPI 呢?举淘宝的一个例子。阿里处理过一个产品总监,原因是同样的商品本来一页就够展示了,但前端设计图把它变成了两页,因为这样可以多一个 PV。后来管理层发现了,认为这违背了诚信的价值观,于是把这个总监辞退了。

保证战略落地,还应该做好产品及运营规划,它们可以为组织之后的发展和努力方向提供蓝图。组织应该对每个战略性流程进行分析,判断出关键的成功因素和指标,使员工能够通过日常活动在这些方面得到改进。

以阿里为例,每年七八月开始进入战略季,第一阶段会完成两件事:一是务虚地想未来的战略方向;二是复盘上半年核心的运营计划有没有问题,核心的运营指标有没有达成,比如用户数、交易笔数、GMV,甚至包括竞争对手的情况……九十月,到了第二个阶段,集团高层会在一起讨论未来两三年的战略目标与计划,同时各个层级会制定具体的年度目标,比如淘宝准备怎么做、支付宝准备怎么做,等等。到第三阶段,各个团队拆解战略目标,拿出运营方案。十一二月申请预算,确认费用,元旦之后,一二月开始确定预算,进行人才盘点,以及确定关键岗位的人选。

组织保障

战略目标的实现离不开组织保障。在时间、空间上,战略相关的所有事情当下是看不见回报的,这是创始人需要面对的长期矛盾。核心团队做决策时,有很多事情是看不见收益但必须投入资源的,因此做决策说起来容易,实际操作的时候是挺难的。战略资源只有创始人才能锁定,不受即时的影响,这样公司对于战略才会有感知。战略是长期的,也是正确的事,长期不一定带来即时的回报,但是公司需要坚持投入。

战略实施的路径中,虽然要保持高度的战略资源锁定,但是企业家始终要在现实和理想之间找到均衡,守不住理想,战略永远没用,太过理想主义又可能成为"先烈",所以创始人对于理想和现实的认知能力以及开放程度非常重要。

组织保障里有两件事是重要的。

第一,"擒贼先擒王",关键岗位的用人是重要的。有了战略,战略落地中最关键的就是领军人物,也就是到底用谁去做这件事，俗话说"兵熊熊一个，将熊熊一窝"，千万不要走入"是人错了还是战略错了"的死胡同。战略落地需要在中高层团队中下点功夫，让他们参与进来，给他们机会参与比他们担负的责任更大的场景，这也是为了培养人，尤其是中层以上的人。很多时候，管理者在想问题的时候要能够站在比自己职责高半级的角度，这样组织能力才会越来越强。一个组织需要一些"奇奇怪怪"的人，如果同一性太强，就成了"普通的动物园"，组织更应该成为有一些"野生动物"的动物园。

第二，要选择合适的组织架构。最好让每个人与最小单位作战团队都有一个契约，保障战略在基层有承接。这个契约主要有两件事，一是确保最小团队知道为了完成部门的那件事，他需要做什么；二是他需要知道做得好坏是用什么标准来评价的。人是在上下级的绩效反馈中不断成长的，要不断明白，公司为什么做这些事，以及自己做这些事的方式方法对还是错，得到这样的结果是偶然的还是必然的。

考核反馈

KPI 是日常运营中关于评价和分配的布局。每个人干了一段时间后，都需要从自己、同事、上级处全方位"照镜子"，从而知道这段时间干得怎么样，能力有没有提升，到年底工资能不能涨，职级能不能晋升。KPI 就是一个考核分配的工具，必须维持严肃的后果才有效，如果希望战略能落地，从战略到 OKR

到KPI的这个体系必须形成PDCA循环[①]。要么不定KPI，定了就每个月去复盘一回，复盘完必须有结果，如此循环这个组织就会具有高度的责任心。

我在微软干了三年，其中每年得有一半时间是在准备与上级的汇报、谈判，需要飞到西雅图微软总公司，中国区大概有10个人，与全球的二三十个副总裁对目标和考核指标进行谈判，整个过程战战兢兢。因为每次复盘以后，还没等飞机落地，就会收到CEO史蒂夫·鲍尔默的一封邮件，里面写着"尊敬的×××，这次复盘以后您被降职为×××"或者"这次复盘以后您应该离开公司"。

在阿里，我们原来每个月做一次跟踪反馈，后来公司越来越大，每个季度做一次，再后来分层级了，高层半年做一次，中层三个月做一次，普通员工每个月做一次。这种跟踪反馈有两个价值：第一，确保核心层团队关注数据，让他们知道到底哪里出现了问题；第二，绩效反馈是领导跟下属建立信任的重要场景，是识别公司中高层池子的重要场景，所以是值得花时间的。

需要注意的一点是，KPI有局部和整体之分。有的人为了完成自己的任务，不顾其他。应该让中高层明白，一些牺牲了个人目标去确保整体战略目标的人，更值得奖励。站在公司发

[①] PDCA，P代表计划，D代表执行，C代表检查，A代表处理。PDCA循环就是按这四个阶段循环地进行全面质量管理。——编者注

展的微观角度完成了自己的 KPI，只是局部，这不见得可以将公司的整体效果更大化；有的人为了公司新的战略任务，挺身而出，虽然自己 KPI 的完成分数并不高，但换取了公司更大的发展。在 KPI 反馈中，团队会统一认知，知道什么叫局部，什么叫整体。因为企业要的是整场战争的胜利，偶尔牺牲一点局部是为了换取更大的成功。

马云曾经说过，阿里高管每个人都有 KPI，但是每个人业绩的完成情况只占其考核的一部分，还有一部分叫"我满不满意"。业绩的部分是本职，但是领导满不满意有时也非常重要。所以在奖惩制度和调整上，有时候是极其辩证的，主要体现的是核心管理层想要宣扬什么样的价值观。

复盘的时候，除了看结果，也就是目标有没有完成，还要看中间过程有没有偏离，甚至看有没有为了完成目标伤害客户价值。复盘以后，要有明确的结论与结果，谁晋升、谁降职、谁开除，有时候需要杀伐决断，冷酷无情。

我们说创始人和团队要拉近心理距离，但有时候为了确保决策的公平与公正，还要跟团队刻意保持一点距离。人就是这么麻烦，你不了解他的时候开除他，内心不会起太大的波澜，如果你跟他很熟，他就是不能产出结果，你开除他还是不开除？你怎么下得去手？

所以战略落地的过程，一方面是无机的，是目标、复盘、反馈的一系列契约；另一方面是有机的，是向团队发信号，开除人是最好的信号。在阿里，如果没有开除过人，是不能晋升的，因为位置越高难度越大，你开除的人的级别越来越高。

用谁不用谁，开除谁晋升谁，这是战略落地中必须保障的。如果你没有开除过人，你就不要抱怨团队没有执行力，人就是在切身体会中学习的，就像你告诉孩子说不能碰火，他不一定会听，但你要让他被烫一次他就记住了，你不用再讲了，他看到火就躲开了。组织建设也是一样的，没有人愿意做恶人，但是要做成一点事，就得跨越自己对于普通意义上道德的认知。绝大部分管理者会被普通意义上的道德绑架，不愿意越过一步。如果你自己下不去手，选择请职业经理人进来帮你开除人，你就要尊重他，给他足够的信任和空间，帮他清扫你能力范围内可以清扫的障碍，这是你的另外一个功夫，你还是要做恶人的，否则你期待找一个人进来，对所有的事情采取鸵鸟政策，那是不可能的。

有时候需要轮岗与拆分，因为公司大了，事业部会跑马圈地，占山为王，诸侯割据。有些创始人问我说高管不听他的，要怎么办。我说要么拆掉相关业务，要么把不听话的高管调到另外一个地方去。他说，"调了，我怕他把客户带走"。我说如果你这么怕，那你就要接受他不听话，反正他每年都给你交粮食，又有什么不好呢。你不能既要又要，必须做一个选择，要做这个选择就有代价。

但是，反过来说，如果出现"诸侯割据"的情况，好歹算是个幸福的烦恼，因为这说明公司的产品和服务还挺牛的，已经攻占下来一部分市场。但是你要经常想想自己是什么样的人，什么让你睡不着觉。如果他让你睡不着觉，那就"灭"了他，业务拆掉，权力重新分配，就是这么简单。或者如果他要走，你准备好没有？你的客户还在不在？战略常常因为人的问题不能落地，无机的事容易做，因为不牵扯人跟人之间的事情，有机的事情做起来就会比较难，但是想清楚了，总有办法可以解决。重用谁、开除谁、轮转谁，这是战略落地最核心的抓手与保障。

另外，战略落地是需要锁定资源的，创始人对于预算和资源分配要有定力，定了这个战略就要锁定相匹配的资源。当年马云说做 C2C 创办淘宝，取胜的战略是"免费"，免费做推广、做服务与交易，那钱从哪来呢？B2B 业务赚的钱也不够支撑淘宝三年免费、五年免费，但 C2C 是一个战略级的项目，阿里要锁定战略资源，于是在 2005 年与雅虎做了交易，用 40% 的股份换了 10 亿美元。创始人只要定了战略，千万不要被日常的运营干扰，牺牲本来该保障的战略资源，这叫"兵马未动，粮草先行"。

战略落地如果有问题，要判断是人的问题，还是战略路径有问题。人的问题，只能杀伐决断或者轮岗；事的问题，可能是预判假设出了偏差。CEO 要把控的是，在战略落地时尽量锁定战略资源，要打这一仗就必须打赢，要么暂时不要打。

灰度的问题是另一个有机层面让人很纠结的问题。理想跟现实之间要基于现实，保持理想；而不是保持理想，面对现实。战略、盈利、持续盈利，这个顺序一定要对，还要能够面对有时候的不一致。创始人绝大部分的决策要是一致的，但是在很多大的方面要基于现实，保持理想，这样战略才能够被时间保障。短期不一定最对，但是时间拉长就是正确的，这是非常难的事情，这里面有很多内心判断以及团队的质疑声音，你要正视它。

组织保障的四项原则

组织保障是确保战略落地的关键，一个好的组织，可以让战略领先半个身位。这里需要遵循四条原则。

第一，做正确的事，始终以创始人的初心为发心。

首先，创始人的发心是为了事业，与个人喜好、个人感情以及和他人的亲疏远近没有关系。这时候，在做正确的事的过程中，杀伐决断会更加从容，也会更加让组织信服。其次，杀伐决断之前要下足够的功夫，要给到相关部门足够的情感储备，给到尽可能多的铺垫和退路。

"情感账户"一词出自史蒂芬·柯维的《高效能人士的七个习惯》，意思是要储备足够的感情在账户里，然后才能取出来。

如果你没有做好足够的准备就想取，会造成感情透支，组织是会出问题的。人心之间是相互回应的，绝大部分人感知到你的好心之后，有机会一定会回报你的。

做组织建设的时候也是如此，做决断之前也要先在团队的"情感账户"存"钱"，不要在没有任何感情储备的情况下对别人"动刀子"。这是在搭建核心团队时最重要的事情，有些人值得你存"钱"，有些人不值得，具体哪些人值得，需要你用心去找。值得创始人去存"钱"的人不多，即使如此，也要用心去存一些"钱"，以备不时之需。

很多人说合伙人之间的关系很难处理，其实我们只要相信人心本身就可以，将心比心，做好感情储备，再去果敢地处理一些事情，"心要慈悲，刀要快"说的就是这个意思。

第二，要容忍别人成"王"，也要帮助他们成"王"。

创始人要敢于拆分业务或组织，要帮助更多的人分封"领地"，帮助他们成为各自领域的"王"。但是"诸侯"如果多了你也要警惕，政令必须落地，一块"领地"只能有一支队伍，不能在团队内搞分裂，如果真的到了这个层面需要做选择，创始人要敢选择，这就是拆分。拆的时候连那个"王"也不需要提前商量，最后只需要告诉他，把你这个地盘拆了，分给谁谁谁，给你留一块小封地继续，再不听话就继续拆，事不过三。

是选择"分封制"还是选择"集权制"，每个人的信仰与价值观不同，业务形态不同，要看创始人的判断。创始人可以学，一种体系类似美国的联邦制，每个州有很大的权力，也可以学中国历史上的集权制，权力在总部。但无论什么体系，从商业组织的角度来看，创始人一定要敢于拆分，一是要容忍别人成"王"，二是一定要帮助他们成"王"。成王以后政令如果不畅通，就要敢拆，这就是所谓正确的事，这样战略才能落地，事业才能够持续健康发展。

第三，决策前充分讨论，决策后坚决执行。

所有的事情，在决策前要让参与者充分发表意见，我看过很多人和马云拍桌子，在讨论决策的时候，每个人都可以发表自己的观点，喜欢不喜欢，同意不同意，都要讲出来。但一旦在会议上形成了决议，即便这个决议和你在会上的提议是相反的，你也要坚定执行。

在阿里，决议开始执行之后，如果有任何人说"你们看我当时说了这么不行吧，早晚出问题"这种话，立刻要被降职、降级，因为这种决策后不坚决执行的行为会伤害组织。所有的规则，执行不到位一定要有后果，这样规则才能被尊重和彻底执行，文化调性会快速地被组织里最聪明的人感知，他们就会沿着这个基调往前走。如此，创始人期待的担当、创新、微改善就会发生。

战略运营与共创

根据一项统计数据，有 95% 的公司其实不能对战略进行有效的运营，主要原因在于管理层不够重视，他们并没有花足够的时间讨论公司的战略方向。很多人常常喜欢用战术上的勤奋掩盖战略上的懒惰。创始人常常在执行和细节上花费大量的时间和精力，却很少抬头看看方向，或者为自己的过去做复盘。

其实很多执行层面上的问题，本质是战略上没有做好，如果战略是对的，会帮助战术减掉很多阻力和问题。我建议企业的一号位一定要把 40% 左右的时间花在战略上，培养自己的洞察力和分析力，多思考行业、用户和竞品；把运营类的事情交给中高层，让大家有发挥的空间。

但是，思考战略的过程不是自己闭门造车，这需要跟大家一起讨论，阿里将这一过程称为"战略共创"，可以通过开战略会的方式进行。

好的战略会议和不好的战略会议有重要区别，一个成功的战略会议的召开，不仅能产出战略版图，让大家在一个版图上工作，还可以使大家共同提升战略思考能力，并在过程中识别公司的"原创人才"。

战略会讨论什么？

战略会讨论的内容与前文生成战略的框架有关，以下是以华为为代表的公司普遍使用的一种框架。

第一,战略意图。我们的初心和愿景是什么?谁是我们的客户?客户的价值诉求是什么?我们的商业模式如何为用户创造价值?我们的价值主张是什么?我们应该坚持什么、放弃什么?

第二,分析市场。我们对行业、产业终局的判断是什么?谁是我们的竞争对手?我们了解、认知的程度如何?新技术、新产品、新业务模式给我们带来了哪些影响?

第三,业务设计。我们的分工协作合理通畅吗?我们的业务流程和利润模式有什么大的优化点?围绕战略意图,我们当前的业务布局、模式迭代应该是什么样的,未来的又将是什么样的?具体到近一年,战略目标应该是什么?

第四,创新焦点。从产品、技术、服务、市场、业务模式、运营等方面看,应该做哪些创新突破?竞争对手有什么值得我们学习和借鉴的?

谁参与战略会?

谁来参与战略会?绝不是仅仅让副总裁级别以上的高管来参加这么简单。如果战略会仅仅按照层级来邀请参与人员,那么这个会议无法产出最真实的战略内容,需要有不同层级的、在一线的人进来。比如我在车好多开战略会的时候,一线的店长都会参加,当公司转型打算不再上门收车时,收车专员也会参与会议。

任何一个战略都需要一线员工的观点输入。我们常常在办公室讨论战略，所以很多常年在办公室的高管会失去业务的现场感，他们不了解业务的操作细节和可能遇到的问题，而很多优秀战略的形成是需要现场感加持的，这个现场感只有一线的人才能提供。

因此，参与战略会的人大体上是按照级别邀约，此外还要根据讨论的主题来补充一些一线员工，以便于在战略方向和操作细节上完成验证。如果战略会一直都是只有高管参加，这个战略落地的周期会长一些，因为没有一线的人参与、没有中层参与，战略要传达下去需要一个过程，而且战略在操作细节上是否可行也是未知数。

高层的人坐在办公室里做战略规划是重要的，但是更需要一线的人来验证战略选择和决策的靠谱性及可操作性。

这就是战略的动态共创和验证过程。首先是定战略方向，其次是定业务运营方案，之后是明确财务运营指标，最后是确定组织人事保障。一个完整的战略推进过程，分两三个层次，用大约半年时间，不断推进战略的滚动落地。之后就进入目标、行动、复盘阶段，第二年再来这么一个循环。

所以说，战略的运营管理是创始人必须花时间的事情，而不只是一年抽出两天匆匆开个战略会那么简单，选择做对的事是最优先的，选择对了，后面的组织建设和保障做对的概率才能提高。

第二曲线的组织设计

组织建设要有一定的冗余,因为业务本身终究会爬过成长期,创始人要早一点去想第二曲线,而不是等进入瓶颈期的时候再去想。很多组织问题、人的问题都是由业务不成长带来的。要用成长的办法去解决分配的问题,要去想组织的下一个增长点在哪里,到底用什么样的组织方式去孵化这个新东西,以及谁去孵化这个新业务。所谓的战略就是两件事:达成明天,积累后天。

现在技术与资本的发展很难明确预期,所以要尽量早一点在战略性问题上做积累。在阿里有一句俗话,"天晴的时候修屋顶",是指一定要在有正向经营性利润时,凭借敏锐的直觉判断,去做战略性储备。

涉及战略性创新业务,即所谓的第二曲线问题,创始人除了要有对市场的直觉,还要动脑筋去想如何在组织架构的设计上支持新业务的孵化。

第二曲线的取舍

如果是老市场老产品,一定要解决线性增长下的人均效能问题。比如我在阿里做B2B业务的时候,每年确定预算,我给部门主管或总监的标准是每增加一个人,增加100万元的营业额,如果能完成就加,如果能完成150万元说明他有本事。老市场老产品在平稳发展阶段，不进则退，人均效能必须持续改善，因为它是线性增长的，只要你的人均效能高于竞争对手，你就能比他活得长。

如果是老产品进新市场，比如说我过去在成都卖T恤卖得很好，我现在要进江苏、山东，应该开直营店还是选择加盟商，还是和当地的某个服装品牌联盟？快速建立通路比较重要。老产品在新市场上主要需要解决渠道的覆盖率与客户的转化效率问题。

但战略性的第二曲线大概率会在新产品与新市场中出现，它是非线性的、非稳定的，未来充满不确定，用户到底怎么样不确定，营销该怎么做也不确定。对于这类创新，快速越过0到0.1的产品原型与验证期，和用户高频互动，获取第一批种子用户最重要。

对于企业处于什么情况，创始人要有准确的判断。如果是老市场老产品，那就是平缓线性增长；如果是新市场新产品，就是要快速完成验证，前面可以接受一定的亏损，但是要快速找到用户价值。一个新东西，如果迟迟不能完成100%甚至200%的非线性增长，要不要放弃？为了这个爆发式增长的到来，你很可能要进行很久的持续投入，那你的老业务能不能支撑创新的成本？这就是战略取舍。

第二曲线有很多种，有的是对上下游的整合，有的是做多元化，还有一种是持续改善经营效率，老业务里慢慢长出新机会。这些都是在考虑第二曲线时创始人要去想的。

比如我的一个客户，他是做饲料生意的，有大概小千亿元的营业额。他的第二曲线开始是往下游延伸去养猪，再延伸去做屠宰，再去做猪肉的销售，这就叫向下整合。这种整合的便利之处在于，在大的生态和产业链里面，产业上下游比较方便开拓。另一个例子是多元化发展，比如我起家于生物制药，最近地产行当很好，有了原始资本积累以后想进地产，或者最近中国的电影市场很火爆，便想进入影视娱乐行业。

相比而言，上下游的整合更具有战略性，完全不相干的多元化在早期更像机会主义，大多是利益驱动的，投资属性更强。

最普通的一类是不断改善今天的经营效率，某种意义上更适合绝大部分的早期创业人，这就要求创业人不断在新技术、新营销和新品类方面思考怎么提升市场占有率，怎么提升效率，怎么提升用户的留存与客单价。大部分创业公司早期没有能力进行上下游整合和多元化，这需要传统的核心业务提供足够的经营性现金流，并且有足够的干部队伍支持进入全新的市场竞争。

第二曲线的组织设计

第二曲线的组织设计有一个难题——到底新业务是和母体隔离，还是放在母体组织里孵化？

传统行业要开辟新业务，比如银行要做互联网银行业务，我经历过一个案例，把队伍建好以后，它所有的流程、预算、审批、决策还停留在原来的银行体系里，新的互联网银行业务做了两年没做出任何结果，最后不了了之。因为新团队的股权激励、决策效率等很多问题还要回到原来的母体去做决策，就会遇到很多逻辑上的冲突。从这个角度来看，第二曲线大概率要跟母体在物理上隔离，在审批、预算、决策与资源上尽量隔离，以便提高决策效率。

以阿里为例，当年淘宝成立的时候，抽调了几个原来阿里B2B业务的人去负责，他们和B2B团队在物理上隔离，有单独的办公场所，期权、股权与所有权也隔离开，整个决策流程与机制也和母体没关系，慢慢它就像个独立的创业公司一样，核心团队商议决定自己的事。

除此之外，要孵化第二曲线，最好不要从外面找团队，要找老团队里相对靠谱的老人来做。淘宝和支付宝这么重大的人事决策，我们当时的讨论过程却非常简单。第一，一定要从内部找，因为这是个创业的事，看内部谁相对最合适，因为彼此的信任程度高，关系是最简单的。第二，这个人要对不确定性有相当大的容忍度，敢于放弃看得见的既得利益，去赌未来的不确定性，他如果愿意接受，说明他具备了一定的创业者的心智，这是绝大部分管理者不具备的。这么做的成功概率远超过找一个外面的看上去很牛的人，因为虽然他的行业经验看似很牛，但第二曲线有时候依靠的更多是坚定的意志力，外面的牛人可以引进以后做搭档，但很少能做一号位。

从治理机制上，无论从外面找人还是从内部找人，一定要保障核心创业团队对新业务拥有一定的所有权。也就是说，这个事是我的事，还是说我只是帮你实现你的事，对核心创业团队而言有天壤之别。人在这个基础上就会分化，有的人有了所有权，有了主人翁意识，自己的事操心，别人的事也操心，只要看不惯的事就会站出来，不受组织分工的限制，这就是好事。对于看不清、规则上没有说明白的事，他愿意冒险，也愿意承担后果。

孵化新的业务到底以什么样的组织架构方式进行比较合理？《创新者的窘境》回答了这个问题，有两个维度需要考量：一是这个新业务本身与母体组织的价值观是否匹配，二是新业务与母体组织的业务流程是否匹配。

如果新业务与母体组织的价值观匹配、业务流程也匹配，基本不用另起一摊，用母体现有的财务、税务、人事、法务、技术就可以了，这是一个大的方向。如果新业务跟原组织的价值观匹配度不高，或者业务流程匹配度不高，大概率要另起炉灶。比如淘宝与阿里 B2B 业务价值观匹配，但是业务流程完全不匹配，所以需要一个自主决策的结构。因为淘宝是 C2C 运营，没有销售与服务团队，跟 B2B 业务的组织完全不匹配。如果价值观不匹配，业务流程也不匹配，那就需要更加独立的组织设置，组建重兵团队去独立建一个新组织。

有人会问，到底是组织重要还是人才重要？是因人设岗还是按岗找人？我的观点是，随着技术周期越来越短，有合适的人再去匹配组织岗位，成功的概率大于建立一个组织按规划去找人。单单看组织与人才之间的关系，我的观点是人才比组织重要，战略的涌现比谋划重要，赋能比管控重要。如果没有领军的人，这件事可以先不做，一件事能不能成，主将最关键。但人才和组织就像是硬币的两面，你想干这个新事，就会天天琢磨去找这个领军人；如果不想搞这个新事，这个人也不会自然而然地冒出来。

/ 第四章 /

组织的衍进规律

随着公司的发展，会有三条线并行：第一条是业务的成长线，包括市场份额、营收毛利、产品线的延伸、区域的扩张、国际化等等；第二条是组织架构的演变线，在业务成长的不同阶段，需要有不同的组织架构来支撑；第三条是团队与人才的生长线，要有源源不断的人，才能接住新的组织架构与业务成长。

这三条线，对创始人来说都是战略性的问题，一定要从三年、五年、七年、十年的时间段来看，其中必然会经历几个重要的阶段，在每个阶段，都要把业务、组织与人结合在一起看，三环视角并为一体，不能割裂。

一般来说，创业早期阶段的战略或源于一个市场机会点，或源于创业者个人的热爱，它不是完整规划来的，绝大部分是靠直觉产生的，所以需要快速验证。这个阶段的组织要简单，团队执行力很重要。论证战略的对和错是没有用的，因为它的核心是快速验证想象出的产品是不是有市场价值，是强实践性的。

在战略雏形形成与检验假设的时候，团队的执行速度就极其重要，要根据市场反馈快速迭代。互联网产品更是这样，因为它的沉没成本低，需要快速验证假设，或者合理修订假设，因此需要人治的方式，这样执行起来更迅速。直觉判断主要靠一两个人就够了，团队对于这一两个人要信任。干了再说，干了再修订，干了以后不行，就果断放弃。

这个阶段，人治是最有效的管理方式，只有实践是检验真理的唯一标准。先是把产品原形打造出来，尽快投放市场。坚持一段时间做到极致以后，发现市场中这个需求是存在的，就抓紧时间大规模复制，这时候团队就需要向专业化、职能化过渡。

等老业务进入平稳发展期，公司就会延伸出更多产品线，这时候需要考量供应链的能力、市场品牌的能力。再往后走，有两件事非常重要：要么兼并收购，继续找新的增长点；要么培养干部，在体内长出新业务。

一个组织不断成长，在团队上必须完成三级跳，要经历江湖兄弟式的"团伙"阶段，经历专业化、职业化的阶段，最后进入使命愿景驱动的生态阶段。企业运营决策的方式可能有所改变，但传承着创始人与创始团队核心思想的组织价值观和商业价值观，基本上是一致的。

组织衍进三部曲：团伙、团队与组织

组织的衍进通常会经历"团伙—团队—组织"三个阶段（见图4-1）。

这里的"团伙"并非贬义词，主要是指团队以义气与情义为纽带而存在，夫妻档、同学档就是这个阶段团队的特色，大家为了一个"虚无"的梦想，抓住一个机会开始干，执行力非常强，有情义，讲义气，打回来的粮食共同分，没有那么多层级、标签，认一个"老大"就行了，所以这个阶段的组织就叫团伙。

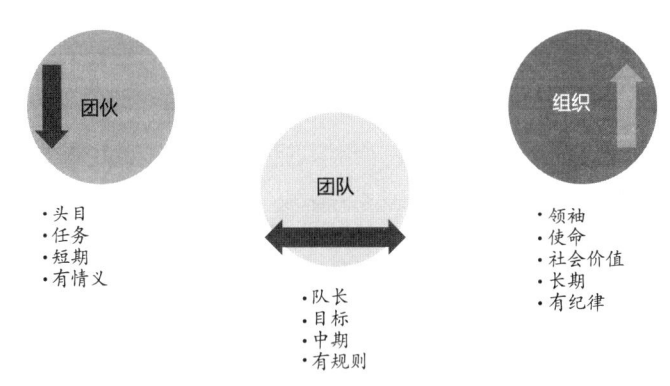

团伙
- 头目
- 任务
- 短期
- 有情义

团队
- 队长
- 目标
- 中期
- 有规则

组织
- 领袖
- 使命
- 社会价值
- 长期
- 有纪律

图 4-1　组织的衍进：团伙—团队—组织

但是团伙只能干不可持续的事情，完成一件事再干一件事，直到解散。有一个"老大"，大家不计较地位，有福同享，有难同当，短时间能凑在一起干，但问题就是不可持续。如果想可持续地往前走，就要完成团伙到团队的转变。团队就会有层级，有目标，有考核，要有资源保障，为了完成目标还要有战略。

公司再成长一段时间，业务越来越复杂，队伍也越来越大，就要完成从团队到组织的衍进。要称为组织，就要有一定的使命、愿景与价值观，有纪律，持长期主义的观点。

初创公司大概率处在从团伙到团队这个转变期，组织有了一定的标签、体系、目标、分工，而不是单纯一个人说了算。越过这个阶段再往前走的时候，组织就需要逐步夯实一支专业化的团队，明确分工，确保规模化复制与快速发展的时候不变形,不偏离初心。

进入规模性复制阶段,从一个合同变成十个合同,从一个城市变成十个城市,甚至从国内走到海外去,同时在多个市场发起战役。要想经过快速扩张,超越竞争对手,成为细分领域里的前三位,就需要完成一个组织的衍进过程。

与此相对应,不同阶段,使命、愿景、价值观所发挥的作用不同。比如在"团伙"阶段,没有清晰的使命愿景没关系,但需要清晰的价值观,清楚做决策、做取舍的依据是什么。到了团队阶段,规模化复制业务,除了两三年的目标,还要有明确的愿景在远方牵引。

组织如果到了成形阶段,就一定要有使命、愿景、价值观。如果没有使命,组织就完不成这场全局性战争,企业大概率成不了这个行当的领军者。没有使命,团队就没有一个共同牵引、感召凝聚的抓手,而这个抓手通常来自创始人的创业初心。

马云说他要服务于中小企业。早在他于湖畔花园刚创业什么都没有的时候,他就说要创办一个伟大的公司,为中小企业提供服务,从最早的"十八罗汉"创始团队开始,不断吸引人进来,把"为中小企业服务"变成团队共同认可的目标。

认可不是口头的,而是落在战略目标上,落在考核、激励上,这就叫从个人意愿到团队目标,需要正式的组织体系建设以及考核。到了组织成形的阶段,业务分布上会有一个梯队感,像阿里那样最早是 B2B 业务,赢得时间给淘宝,淘宝又孵化出支付宝，再到后来创办阿里云、菜鸟，孵化出更多的业务。到了这个阶段，使命、愿景、价值观开始显现，真的是在完成一个事业，而不是完成一些事情。创始人在这个阶段要想想组织建设到底是什么。组织建设的颗粒度不一样，自己所关心的颗粒度跟落地的颗粒度又不一样，所以需要专业的团队帮忙，但帮忙的前提是自己要清楚组织的价值观是什么。

对创始人来说，组织化的过程，就是一个把个人意愿上升为团队目标再打造成组织使命的过程。创始人个人的角色也在变化，从"我想干吗就干吗"到"团队一起来干这件事"，再到吸引更多人加入一起追求组织的使命，创始人要逐步从自己下场干活走向为团队、为组织"造场"干活。

我常常看有一些企业多元化得离谱，一会儿做药品，一会儿做钢铁，一会儿又做影视，又做房地产。赚钱吗？可能挺赚钱的，但它们到底要干吗呢？不知道。我无意去评价任何东西，只是它做得规模再大我也认为它只是一个生意，不是一项事业。如果你要做一项事业，取得一定的规模是前提，但还得往上走，长出第二曲线、第三曲线，得回答出做企业最终为了什么这个问题，这才叫事业，否则就认为自己只是做一个生意好了。

有规模不代表它是事业，但事业一定有一个规模化的门槛，先别谈别的东西，先把规模做大，确保赚钱，占领一定的市场份额，有用户口碑，有复购，这个是第一重要的。到那个时候再谈组织使命就比较靠谱了，否则就只是口头说说。

依据这个衍进的脉络，2004年我加入阿里巴巴的时候，它大体上处在从团伙走向团队的阶段，后面用了十年时间，完成了专业化以及组织化的过程；到2014年上市的时候，它大体上是一个适合现代企业制度的组织，新的合伙人制度确立，原有的创始人身份标签完成退役。

作为HR出身的人，我在阿里想完成的就是这么一个组织化衍进的推动。刚开始，团队里的人身份不一样，有创始人，有子弟兵，有空降兵，到真正组织化之后，大家都是平等的，组织里的人不是因为身份不一样而不一样，而是因为能力和贡献不一样而不一样。这是组织建设中必须做的事，核心的团队是经过训练的，是没有身份差别的，是不受身份影响的，所有的影响力与权力都是他们通过打拼挣来的，这就叫完成了组织的衍进。

当这个组织是一步步衍进出来的时候，团队成员又能共同分享使命、愿景，即便业务多元化，母体中的DNA（基因）也能够像烙印似的被传承下去。创始团队的基因被这样的团队不断复制，创始人才能安心退下来。

组织化的过程，不可避免地要伴随创始人身份和职责的逐步分化与退出。也就是说，创始团队成员要回到正式的评价体系里面，能力行就上，不行就下，也可以做一名普通员工，不会因为你是联合创始人就享有特权。2009年阿里巴巴创立十周年的时候，马云带领创始团队的"十八罗汉"集体卸下创始人身份，这就是完成创始人身份和职责分化的关键一步。

至于说这个组织化的过程，我刚刚加入阿里时也不是这么规划的，但走着走着我觉得要这样规划。刚进去的时候，我的想法很简单，我是空降兵，将来阿里一定还需要更多空降兵，我必须给空降的人留出空间来，因此就要采取一定的制度安排。走着走着就变成这样，不是一开始就规划好的，但回过头来看，这是基于前面的人已经走过的路和付过代价的成果，创始人需要这样去想问题，才能完成组织建设最终极的目标，这是绝大多数组织衍进的普遍规律。

这里再把前文说过的西安杨森的例子拿来说几句。当我们认识到人员流失是晋升通道存在问题后，我们就想必须改变从总部派办事处主任的制度，一定要在当地选拔，从办事处医药代表里面选拔优秀的人来管理当地的办事处。这样做有没有风险？有，因为他们是医生，没有商业运营和管理经验。要不要冒这个风险，撤回所有总部派出去的"老臣"？我当时很纠结，但总裁还是下了决心，于是我们开始在医药代表里面选拔、提干。就像后来在阿里建的"政委"体系一样，从医药代表中选拔人才出来做办事处主任的同时，我们也派信得过的"老臣"在当地辅导这些人才一段时间，传授商业方面的经验。经历了半年到一年时间，所有办事处主任都变成了从当地医药代表中提拔的人，激励体制也改成类似阿里"中国供应商"体系的区域承包制，他们为自己干活，结果队伍变得超级稳定，招人的难度也大幅度下降了。

当时西安杨森的产品相比竞争对手并不占优势，但是在销量上，西安杨森在相当长一段时间里都是中国所有外资制药企业里的龙头老大，而且它向社会输出了大量的优秀医药代表，后来有些人做了合资制药企业的中国区总裁。

举这个例子就是想说，一个组织要逐步成形，大概率会经过这样一个从团伙到团队再到组织的过程。组织问题要找到正解，就要考虑人的身份、制度的公平性，同时考虑训练与培养人的问题。我们也试图招外面的人，更快地出成绩，但因为价值观或文化不一样，他们大概率都待不久。我在阿里之所以能够待下来，跟我在西安杨森的经历有相当大的关系，某种程度上吻合了马云对于组织升级的期待，所以我很幸运，有西安杨森的经历，也遇到了马云这样的领导。

世界上伟大的企业的组织设计都差不多，强生到今天为止近140年，从来没有从外面找过CEO，它是一个极其讲究授权与分权的组织，是"小政府、大社会"式的。其分公司遍布世界各地，皆按照当地的法律法规与文化风俗展开经营，总部不干扰。按今天的话说，它是分布式自组织，没有中心，这是它的第一条经营哲学。第二条是，其每个国家分公司的总经理都只从内部培养，因为它非常强调价值观和使命，从别的公司找来的人很难融入。

组织架构的进化:职能制、事业部与集团化

组织是一个有机体,它像人一样有生老病死各个阶段,处于不同阶段的组织建设的重点也不一样,组织架构的设计也有一个随之衍进的变化过程。

孵化期:快比协调重要

组织在孵化期时,不精细分工能带来最大效率,因为孵化期时的决策通常为一言堂式的快速决策,而此时与用户互动、产品迭代和试错更重要。速度胜过正确,速度胜过专业。孵化期的组织模式大多是团伙式的,没有授权,没有分工,也没有职能化。不分工,所以不产生专业性,这样才能够产出最快。

阿里在1999年刚创办的时候,员工虽然有头衔,但不是严格分工的。彭蕾管会计、管财务、管行政、管MIS(Management Information System,管理信息系统),但彭蕾并不是会计和MIS系统的专业人员,只是这些事情需要有人料理,而且这一阶段不需要她有太强的专业性。蔡崇信是CFO,但也负责销售业务。

这个阶段的组织,结构不要追求专业化、完美化,只要有一个人敢兜底拍板,大家也相对信服他,执行上不质疑他,就是好的组织。这就是为什么我说夫妻档、师生档、同事档、同学档创业在这个阶段是好的,此时并不需要高度的专业化,也不需要非常民主化,取胜的关键是快速决策,这样一来沟通成

本极其低，不需要论证太多东西，先有人料理一下就好了。

我刚进阿里没多久，就主导引入了PeopleSoft（仁科）与ERP（企业资源计划）系统，我们是互联网公司中比较早上线人力资源系统的。我去跟马云说，我准备上PeopleSoft，我们的对话是这样的。

"PeopleSoft是什么东西？"

"是一个人事软件。"

"上它干什么？"

"能够提升整个流程的效率，缩短人事处理的时间，现在光人事员工就占了公司员工数10%以上，好多是做数据统计、与发薪酬相关的，我们上系统，能节约50%的人力。"

"你确定吗？"

"确定。"

"像我们这样早期的互联网公司有没有上PeopleSoft的？"

"据我所知，我们是第一家。"

"那就上！"

当时的阿里还没赚钱，整个公司的战略目标是赚一块钱，他都没过问这个项目要花多少钱。在我主动想要告知时，他说："是不是能够节约50%的人力？我们是不是互联网公司里比搜狐、网易更早上的？""是的。"

最后他说："你不用告诉我花多少钱，去干吧，如果没节约人头，或者我跟朋友们聊天时发现我们不是第一个上的，我是要找你算账的。"

你看,这就是孵化期创始人的决策效率。马云求新颖、求效率、求快速,先干再说。当然立这个项我也承担着风险,如果真没有达成预期效果,后果也是非常严重的。在某些特殊的阶段,团队成员之间的信任和担当非常重要。不求专业,但求速度,但求迭代,这对于团队内部的信任度和容错度是有要求的。

成长期:组织需要专业化

到了核心产品差不多成形,市场有反馈,产品逐渐往上走,进入大规模复制的阶段,业务高歌猛进,市场急需规模化扩张,这个时候分工和专业化就会变得更重要。这个阶段的组织要职能化,有负责财务的、负责税务的、负责法务的、负责工程的、负责产品的、负责销售的……这对于组织整体进入规模化扩张阶段是非常重要的。

专业化是为了预防规模化扩张时出现系统性的问题,此时合同条款变得十分重要。孵化期为了拿一个单子,出再大的事后果都不会特别严重,因为不拿这一单可能也就无法完成跟用户的互动或产品原型的迭代。而到了规模化阶段,一定要专业化,专业的人会找到做业务的人不懂的交易结构,设计出更好的杠杆。

我任职于瓜子二手车的时候,在职能化建设阶段找到了十分专业的税务人,他们重新调整了公司的交易结构,使每年的居间费与增值税能节约一亿多元，这一亿多元就是净利润，这就是专业化带来的效益。

成长期组织的职能化建设，一般的专业人员和好的专业人员起到的作用有天壤之别。还是以法务、税务为例，一般的专业人员看完某个条款，大概率会说这事儿不行，但他也不知道怎么做可行。而好的专业人员会说这事儿看上去不行，不过我们这样调整一下或许可行，但还是有一些风险，要让负责业务的最高领导决定干不干。后者虽然不会拍板，但有解决方案和提前的风险告知，这就是顶尖的专业人员。

如果你的公司处在 A 轮融资前后，我的建议是宁可去请小公司里的部门一把手，也不要找大公司的三把手。小公司里的一把手在领导力跟决策判断上绝对是超过大公司里的三把手、四把手的，前者看到的事情多，经历的事情也多。用你的"名"和"利"吸引他们，给他们更好的职位、高于市场平均水平的薪酬，再跟他们签署一个对赌协议。即使付出点代价，花点时间，也一定要完成这样的专业化建设，让他们帮助你在规模化复制的时候规避系统性风险，找到杠杆效率。

职能化是组织成长中一个非常关键的阶段，这个阶段没走好，后面都很难，因为规模化以后是不能回头的。无论是投放广告还是买流量，无论是工厂还是供应链，要么不启动，一旦启动就会产生巨大的沉没成本。所以，组织要尽可能在单一产品、单一用户的时候，把专业能力以及分工协作的流程梳理好。

发展期：事业部制是必经之路

越过职能化阶段以后，毛利率、市场份额进一步提升，大概率就会启动业务的第二曲线。新市场新产品或者老市场新产品，在新的业务组合里就有可能产生新的组织形态——事业部。

事业部制从权力结构上来说相当于一家半独立的公司，如图 4-2 所示。独立的叫子公司，拥有独立法人、独立董事会治理结构，准备独立资本运作，子公司可以独立上市。事业部制介于职能制和子公司之间，不是独立的法人公司，其治理是由上面的集团决策的。

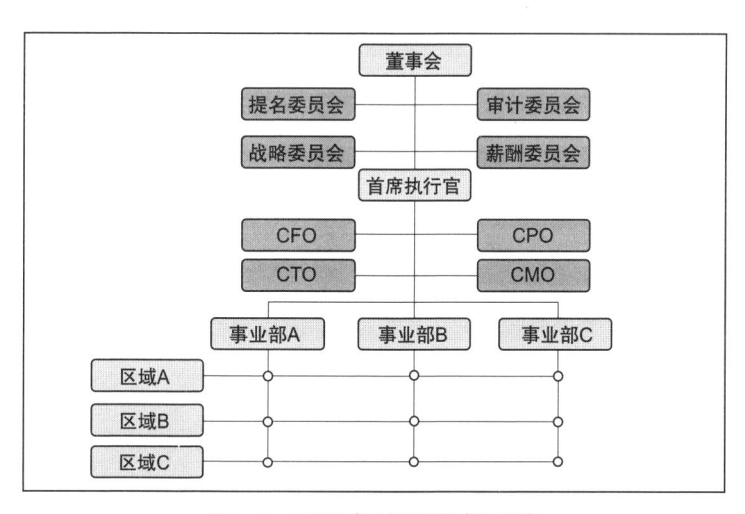

图 4-2 子公司事业部制组织架构示意

事业部制最大的好处是决策非官僚化。淘宝和支付宝之所以是事业部，是因为事业部可以独立决策、快速决策，不用过于受总部的制约。总部虽然有职能化分工的 CTO、CFO，但事业部制的总裁不一定要听集团的，只要集团同意了大方向即可。事业部总裁就要做独立经营决策，不需要集团官僚体系的审批，所以事业部拥有日常业务决策和财务人事权力。职能制的要求是业务线的人永远都要回到总部走完所有职能部门的流程，而事业部制只需要在事业部内走完流程就能快速执行，不再需要总部的层层审批。

如果组织新起一摊事，产品开始多元化，市场开始多元化，最好搭建事业部制的组织结构，让新产品和新用户在经营上有相当大的权力。只要在战略方向上明晰了，做了预算，日常的运营权限归于事业部总裁，组织内部就能快速决策，灵活执行。

确定事业部制之后，因为存在多产品线和多区域，就会产生矩阵式的组织结构，矩阵是事业部与子公司化都会遇到的问题。

比如，从全球角度看，微软有不同的产品线——Windows、Office、Server 等等；有不同的区域——中国区、亚太区……再以中国区为例，微软中国有 Windows、Office 等产品线，有华东区、华南区等区域划分。华东区的一位区域总经理要完成 Windows、Office 的相关销售任务，就要有两支队伍，这两支队伍向他汇报，同时两支队伍还要向总部的产品线团队汇报，销售 Windows 的时候要与 Windows 团队协商，销售 Office 要跟 Office 团队协商，因为要拿营销费用。矩阵制对人而言意味着很大的考验，矩阵的意思是一个人有两个或以上的老板，通常公司说实线与虚线汇报就是这个原因。

大部分公司，垂直产品线的权力更大，因为它们是以产品线而不是按区域来核算毛利的，所以绝大部分产品线负责人的权限大过区域销售负责人的。但也有不同，华为是区域经理权限最大，虽然以产品线核算，但为了快速决策，不得不把逻辑上合理的产品线的合作、定价、推广、折扣、促销等事交给区域经理，这就是所谓"让听得见炮火的人做决策"。

在我看来，尽量不要实行矩阵制，尽量不要让一个人有两个老板，尽可能让指挥的链条单一。就像华为，每一个区域市场最大的指挥者是区域经理，虽然它总部还有官僚机构，有供应链的副总裁、产品研发副总裁、交付副总裁、服务副总裁、售前副总裁，但在区域市场里，区域经理可以不听从于这些人，区域内的决策是区域经理自己拍板。

无论如何，在多元产品和多个区域并行的时候，事业部制都是一个比较有效的制度，能让决策更加贴近市场，让渡权力给前线，让"听得见炮火的人做决策"。

成熟期：子公司比事业部更独立

2007年，阿里进行了集团的子公司化改制，总部叫阿里巴巴集团。为什么要做子公司？因为准备让每一块独立的资产都进入资本市场，独立上市，所以任命了B2B业务的CEO，让B2B业务先上市。子公司，意味着它是一个完全独立的运营主体，有完全独立的经营班子，跟母公司之间更多是一种股东关系，比事业部有更大的独立性。每个子公司都有自己的董事会，自行决策，经营团队对董事会负责。

在组织发展的角度上，从事业部到子公司或许是件有意义的事情，这个过程会训练担当一号位的人员和团队，但要付出成本，一旦子公司化，有三个子公司就要有三个CEO、三个CFO、三个CTO。公司里突然一下多出来这么多人，需要干部队伍能支撑得住，所以子公司化是一个成本巨量增加的阶段，但它背后有战略诉求，无论是资本市场的运作还是从别的角度而言，不得不这样做。

另外一个好处是这些CEO自然会在子公司独立承担责任，在董事会架构之下会熟悉一号位的职责。陆兆禧也好，逍遥子（张勇）也好，在做阿里巴巴集团CEO的时候，都经过了子公司CEO这个阶段的训练，所以组织结构与人才发展的阶段有不同的对应性。

在组织结构最早的单元和最终的单元中，集团化下的子公司如果业态多，可能会出现各种情况：有一些处于孵化期，有一些是职能制结构，也有一些是事业部制结构，可能还有一些子公司底下牛的公司变成了控股公司。

这个阶段企业规模已经相当大了，变成了控股集团，跟子公司之间大概率成为股东跟经营者的关系。集团可以成立投资公司，或者一个投资基金，通过在资本层面去做战略性配合的投资生态化,把运营赚来的钱投入一级市场、二级市场,通过"钱生钱"回来的钱也可以再投入新开辟的业务线,使公司业务进入一个新的比较宽阔的场景。集团里家当越来越多,你的雄心和能力也就越来越匹配。

可能你本来没有那么大的雄心,但由于能力变强了,雄心也会跟着起来,这是一种比较理想的状态。一家企业所有的战略梦想与企图,都需要在组织上经历这样完整的衍进阶段。

有关授权、分权与集权

架构设计本质上是解决权力分配的问题,那就会有分权与集权的矛盾。在组织架构里面,举个例子,一个最小的销售单元的权力怎么设置?是管宽还是管专?管专的意思是他只管销售,大客户、小客户都在销售这条线上,这叫"销售一条线";管宽是不只管销售,还要管售前方案、售后服务。公司在不同阶段会采取不同的架构设计,成熟的公司以客户为导向,所以要训练一个销售既能完成销售任务,也能进行售后服务;小一点的公司需要尽快拓展客户,销售人员一般就只管销售,大家各管一段,先把效率提起来。

"专"的管理训练容易上手,"宽"的管理训练难一些,就像学武,只学斧头简单点,既学斧头又学剑就会难一点。所以,早期创业公司规模小,要求效率要高、动作要快,客户的体验没那么重要的时候,销售人员管专为好;等公司慢慢大一点了,产品也多了，业务复杂了，销售人员以管宽为好。

架构体现的是授权。我看很多创业公司封了一堆副总裁，但他们实际上都没有真正的决策权，也就是公司没有把人事权和财务权分下去，老板还是管所有，报销几千元钱也要找老板批，这就是典型的有名头没实权。

只要公司的架构设立了，不管是职能制还是事业部制的，授权这件事都是免不了的。授权包括三个权，一是业务决策权，二是配置队伍的人事权，三是完成业务所需要的财务权。小到出差审批，大到一个广告投入，这些权限要授下去。一个没有授权的架构不是好的架构，当然，授权以后，也要跟进监管的问题。权力下放以后，老板总是不放心，所以必须跟进建立内控与内审体系，建立监督机构，分权制衡，让机制来解决信任与风险问题。

充分授权与必要监督不矛盾，个体的喜好也需要用制度去约束，这是一个组织成长的必经之路。如果不能完成这个转变，干部就很难成长起来。通过机制来监督，分清事前、事中、事后，组织慢慢成长到能用制度来对抗人性中不好的部分，就会逐步走入制度化与体系化阶段。

制度建设为什么重要？因为制度可以把人心中的风险和喜好约束起来，组织的运转就会从跟随个人喜好变成依照一套标准和规则。创始人一辈子要做的事就是建立良好的制度，让组织内人为诛心这件事尽量避免，大家按规章制度办事，如果还有一些人愿意打破规章制度，愿意面对不确定性的风险，他们就是专业人员里面顶尖的选手，用阿里的话说就是"遵守规章制度，但不拘泥于规章制度"。比如现在阿里集团的董事会主席蔡崇信就是这样的人，作为CFO他极其专业，但又不拘泥于自己一亩三分地的专业，他是财务出身的人员里面少见的能扛高风险的专业人员。

监督就意味着有处罚机制，监督与处罚机制也是传递组织意志的信号。制度的执行必须是刚性的，不能因为关系好、资历老就随意"赦免"某人，创始合伙人违反了规则也要与新人一样受处罚。制度要么没有，要有就刚性执行，尺子要有同样的刻度，一米就是一米，如果做不到刚性执行，那还不如没有制度。不做到这一点，组织就永远是说不清道不明的。组织必须从混乱走向刚性，刚性的体现是一致性，这需要创始人突破个人情感的边界，这也是一个组织发展的必经阶段。创始人在制度建设上担负着极其要紧的责任。

那么，到底该集权还是分权？什么情况下要多点集权，什么情况下要多点分权？这都要看组织所处的市场环境以及组织的业务结构。

如果你的公司产品相对单一，那么集权好一点；如果你的公司产品与业务比较多样，要授权多一点。集权与授权的倾向选择，主要是看怎么样促进业务决策，原则就是单一的时候集权，多元的时候分权。但分权分到什么力度，要看创始人的想法和核心团队的能力、经验，同时要用制度去保障和约束。

此外，竞争出现的时候需要快速做决策，快速响应，此时授权为好。另外，做大改动大变革的时候一定要集权，这是对抗变革中不确定性的最好方法。

组织的架构有自己的衍进脉络，业务不同，阶段不同，组织方法与架构不同，但都难免会走向一个官僚阶段。创始人要有敏感度，不要等到组织官僚化病入膏肓再去变革，那时候大概率就会麻烦，而是要提前设计，提前预防。

从团伙到专业化分工，再到事业部与子公司，组织衍进是一个持续生长、裂变的过程。组织结构衍进的目标，在第一个阶段就是让公司出现很多的牛人，让团队有实力；进入第二个阶段，就是去肥增肌，保持一点组织的冗余没关系，但要治理官僚主义，要培养年轻人，让一代又一代新鲜血液充实进来，这是创始人的责任。

文化与制度是组织建设的一体两面

公司总需要组织里面有更多的人协同管理更复杂的事情。什么是复杂的事情？管好自己容易，管别人的事，还得让别人信服，就变得不那么容易，这就叫复杂的事情。再向前推进一步，除了管今天的事还要管明天的事，这个事就更加复杂了。

也就是说，公司成长总需要在组织能力建设上发力，管好自己的人、管好别人的人、管好团队，同时管好今天、管好明天。组织能力包括价值观、制度、流程、行为、习惯、文化。如何达成这些组织能力？可以分为四个模块——顶层设计、制度流程、架构设计、文化沉淀。

顶层设计

在顶层设计中，一定要明确公司的使命、愿景、价值观，之后组织的战略就锚定了。

什么叫使命？使命回答的是这个公司为什么存在。组织庞大起来，人越来越多，聚合层级结构、权力分配以后，必须有一个使命，以凝聚众人并赋予意义。福特汽车的创始人亨利·福特说要"制造人人都买得起的汽车"，这是福特汽车的使命。

愿景是你期待公司成为什么样的组织、达成什么样的结果。愿景通常是阶段性的里程碑，以衡量组织在战略和运营上的进展是否取得相应的结果。比如阿里的愿景从"成为全球十大网站之一，只要是商人都用阿里巴巴"，到"分享数据的第一平台""幸福指数最高的公司"，再到"服务1000万中小企业，解决1亿人就业机会，服务全球20亿消费者"。

价值观是公司做商业和组织决策时的取舍依据，也是对组织成员行为规范的期待和要求。价值观体现了创始人的"禀赋"和"信仰"。比如，商业价值观对小米来说就是"极致性价比"，所以小米可以舍去智能手环上的时间显示，以节约成本，降低价格。又如，组织价值观对阿里来说就是在成就事情和成就人之间，更倾向于成就人，所以阿里常说"我们可以输一个事业，不能输一个人"。

一旦使命、愿景、价值观明确了，组织就有了发展的基石。同时，组织做优先取舍的判断也就有了依据。

制度流程

在使命、愿景、价值观的驱动下，组织的业务模式要与组织理念形成相互关联的有机体。组织设计就是以"价值链"为基础，依据业务流程进行岗位设计，并确立"分工"带来的专业性与"协作"带来的复杂性之间的协调机制，它外显为组织结构图和作业流程。

制度流程是指组织内部成员共同遵守的办事规矩和行为准则。它基于组织理念和价值观，不同公司，即便处于同一行业或市场，在制度上有相似性，也有差异性。比如，关于奖惩，都有奖勤罚懒，但对于"勤"和"懒"的定义和行为细则，不同的组织会有不同的描述。

"以奋斗者为本""不让雷锋吃亏"，这是华为的组织价值观，他们在组织建设上就朝着这个方向发展。早期华为的员工在海外工作一年的薪酬，相当于在国内工作三到五年的。正是有这样的设计和实践，华为的业务战略才有机会实现，慢慢在低价市场突破海外巨头的垄断，逐渐成为市场主流，建立品牌，赢得利润，投入更多的研发资源，不断改善产品。

当华为的技术力量与品牌足够强，市场地位也逐渐稳固后，它的制度里加了一条：凡是愿意从原来熟悉的运营商体系去全新的事业部，比如华为云，并放弃原来的职级、改为新的职级，放弃原来的激励方案、接受新的激励方案的，在华为体系里面就被叫作艰苦奋斗者。"奋斗者"评定不是靠主观评价，而是制度规定中有明确约定。在华为，如果没有奋斗者的履历，奖金、晋升等都会受到影响。

制度流程的有效性是其产生结果的作用，无论是晋升还是降职，加薪还是辞退。这个结果必定有人喜欢有人不喜欢。如果一个制度没有后果，同时不能公平适用于每一个人、每一个场景，那就不要设立，因为设立了也没有用。

需要注意的一点是，制度流程大约只能处理 80% 的问题，还有约 20% 的事情不能完全依靠制度流程来处理，因为制度流程只是处理常规问题的依据和办法。对于高层级的组织问题，在尊重制度流程的同时，由于其"敏感性""主观性""关键性"，有时会采取比较"个性"的处理方式。这并不是要"违反"制度流程，而是"尊重，但不拘泥"。管理不同层级的人，所面对的状况和问题的敏感性是完全不一样的。在管人的问题上，层级越往上越复杂，越难规则化。

举个例子。有一天马云找我说，我觉得这个人可以先做 VP 试试。我说按考核晋升标准，应该还不行。他说，先让这个人做做，或许就行了。如果真不行，我们也知道这个人不行，如果真行了，我们又多一员大将。我举这个极端的例子是想说，制度一定要严肃，但也会有制度不适配的场景。

一个制度流程出来，没人有反应，那它就是一个平平无奇的制度流程；如果所有人都喜欢，这个规章制度并不一定是好的；如果有一些人质疑，有20%的人讨厌，还有70%的人觉得还不错，那它就是好的制度流程。一个有效的制度流程，会激起不同的反应和看法，这说明大家在意并会认真对待它及其产生的后果。

不要怕有人反对制度流程，也不要完全靠制度流程去处理所有的事情。有一些事情是本来应该灵活做决策的，非常态的，不能也变成制度流程。

架构设计

上个章节对于架构设计已有详细阐述，这里不再赘述。但需要特别强调的是，架构设计要为业务需求服务，要为战略的高效执行与落地服务。分久必合，合久必分，架构设计是创始人要亲自参与的重要工作。

文化沉淀

组织建设中的制度流程在不断实践的过程中，会形成文化沉淀。制度本身持续，就会在组织能力里面最终形成组织行为习惯，这就是组织文化。

文化沉淀的过程就像健身。得先有一个概念，即价值观，那就是我一定要健康。通常该怎么办才能健康呢？行为——以每小时10公里的速度跑一个小时，每天坚持，就会形成行为习惯。形成习惯后，有一天不跑会难受，这就形成了文化。所以说，企业文化具备过滤性和排他性。

组织也是一样，有了使命、愿景、价值观，以及由此驱动的制度流程进行实践和约束，一致性地用一把尺子衡量、考核并产生结果，大家的思想观念、行为模式和习惯就会趋同。这样的背景下，喜欢和觉得舒适的人，就会留下来，不喜欢、感觉不舒适的人，就会离开。这就是企业文化的过滤性和排他性。有些人看上去像华为的人，有些人看上去像阿里的人，有些人看上去像IBM的或微软的，说不清原因，但他们一看就是，这就是组织文化所体现的调性和特异性。

组织建设的责任人是创始人和核心决策层。很多创始人说，我找一个HR副总裁，帮我把制度、流程、人员标准弄清楚就行了。这是鸵鸟的行为，把脑袋往沙子里一扎，就以为屁股盖住了，其实露得更明显。

组织无法孤立存在，组织建设本身需要强力的观念输入，这个输入来自创始人（创始团队）及决策层。他们的禀赋和倾向在很大程度上决定这个组织是什么样及会成为什么样。同样进一个赛道，提供类似的产品服务，创始人、创始团队的禀赋不一样，组织就会不一样。建立什么样的组织，是创始团队的禀赋和所形成的战略决定的。创始人的使命之一是必须厘清自己的初心和价值观，以便在制定制度和流程的时候，能够把价值观落地。

创业者在公司度过 0 到 1 阶段后，一定要在形而上的东西上下点功夫，以务虚的方式确立使命、愿景、价值观，以便后续形成恰当的组织理念，并将其落实在制度流程、议事决策机制、利益分配机制、竞争淘汰机制里，从而逐步形成自己特有的核心竞争力。这样，不是竞争对手挖走几个核心骨干，公司的战斗力就会衰减了；不是走几个大将，公司就会遇到重大困难；不是专利技术被人"偷"了，公司就不行了。

绝大部分创始人，对于开展组织建设这些"虚"的、形而上的事情会感到不舒适，但创业者必须建立自我觉察，知晓自己创业到底想干什么。做创始人就是不断克服自己的不舒适，然后接受自己的不舒适，这个公司才有希望。

组织建设中的西方运作与东方智慧

组织建设并非一个简单的线性成长过程，而是一个起起伏伏迂回曲折的前进过程。在这个过程中，单一的治理方式无法满足组织成长的需要，比如单纯管控与单纯授权都不足以解决复杂问题。以我过往在外企和阿里巴巴的两种职业经历来看，中国企业的组织建设要遵循两条原则：一是西方运作与东方智慧的结合，二是文化与制度的结合。

西方运作

管理作为一个独立的学问产生于西方科学与理性的土壤，并随着蒸汽化、电气化逐渐发展成熟。西方在方法论上更讲究实证研究，方法上更重视分类管理、流程化、工具化，清晰明确，容易学习、掌握实践。BLM（业务领导力模型）、SWOT、OKR、KPI、271、末位淘汰等，都是西方成熟的管理学工具。

岗位分工开启科学管理时代

农耕时代是不需要管理的。19世纪末开始，泰勒基于实证的观察研究，分开了两件事，即业务作业线和管理岗位，这是第一次出现管理岗位。这种分工协作极大地提高了劳动生产率，并开启了所谓的科学管理时代。

岗位分工是最早的科学管理，这个时代是机器（机械）驱动的时代，人是机器的附属，人创造价值的劳动生产率低于机器。此时，人的价值虽然比农耕时代好像提升了一点，但总体上，劳动生产率提升靠的是机器。

行为管理学派开启人本时代

第二个学派就是所谓的行为科学，即研究人，研究人性跟劳动生产率的关系，它是科学管理的一个演进学派，今天很多管理学的应用都基于行为管理学派，典型的代表有赫茨伯格的双因素理论，马斯洛的需求层次理论，麦格雷戈的 X 理论、Y 理论。

马斯洛的研究提出，人有五个层次的需求，第一个是生理需要，即基本需求；第二个是安全需要；第三个是社会归属，即交往的需求；第四个就是尊重的需求；第五个是自我实现需要。每一个诉求的满足都以前一个诉求实现为基础，也就是中国人所谓的"仓廪实而知礼节，衣食足而知荣辱"。

在麦格雷戈的 X 理论、Y 理论中，X 理论假设人本性是懒惰的，能偷懒最好偷懒，所以要对人进行强管理、强监督、强处罚，只有这样才能提高劳动生产率。Y 理论是 X 理论的对立，其假设员工有创造性、享受工作、愿意承担工作，能够自我主导，认为人本身是有追求善的动因的，所以要正向激励。

实际上，今天管理学中的应用，大部分是行为科学派的研究理论在支持。而中国的管理实践是七八十年之前的，我们的高速成长几乎跨越了美国漫长的工业化，从电气化时代迅速进入信息化时代。

电气化时代开启组织结构的创新

电气化时代有两个代表：一是杰克·韦尔奇，在他的带领下，GE 代表的事业部制应用行为科学派的理论把组织结构提升了一个台阶，即从简单的分工协作的职能制进入事业部制；二是"蓝血十杰"，即美国通用汽车的 CEO 斯隆等人，通用汽车是最典型的事业部制代表，它打败了职能制的代表福特汽车，斯隆因此一战成名。

亨利·福特一生的使命是让普通人买得起汽车，这就意味着汽车成本一定要低，因此福特公司推出了一款以大量通用零部件生产、进行大规模流水线装配作业的 T 型车。其实，今天美国成为"行走在车轮上的国家"跟福特公司有巨大的关系。当通用汽车和福特汽车竞争时，靠单一产品是打不过福特的，所以它必须多元化，就是用不同的品牌、不同的价格定位，面向不同的人群，从而产生了事业部制。所以斯隆用事业部制的方式赢了福特的职能制。

人性——管理要应对的最核心和最底层的东西

在管理理论研究历史上有两个著名的实验，一个是霍桑实验，一个是匹兹堡调查。

霍桑实验从 1924 年开始进行了 8 年，试图寻找影响劳动生产率的因素。第一期是物理研究，从改善工厂的照明条件开始，最终发现环境的改善（物理条件）对于劳动生产率没有任何影响。

第二期实验研究奖励制度，采取计件工资制。尝试了一段时间后发现，计件工资制与不计件工资制相比，对劳动生产率几乎也没有影响。这两期的结论是物理条件（工厂环境）、奖励制度对劳动生产率没有影响。

第三期实验是试图跟工人做访谈，让工人把自己内心的不满、没有机会说的意见都表达出来，结果工厂里的劳动生产率提高了。由此可知，物理环境、激励制度与劳动生产率的提高没有直接的关系，只有让员工开心、有机会说话，他们的自发性才会提高，这就是霍桑实验得出的结论。这个实验之后，参与式管理、意见箱管理、发泄室等纷纷出现。

第四期实验是选择 14 个人，让他们在单独的房间工作，并对这个小组实行特殊的计件工资制度。然而结果依旧是劳动效率并未明显提升。深入调查后发现，为了维护群体利益，这个小组内部自发形成了一些规范，互相约定都不许干太多，也不能干太少，且不能向上级告密，否则会受到惩罚。这一实验表明，组织中会自发形成非正式群体，其中的劳动生产效率始终会维持在一个均衡的状态，这不是制度本身的问题，而是非正式群体对人的行为起调节和控制作用。所以所有的组织都还要分一部分精力去看非正式组织。

第二个实验是匹兹堡调查。匹兹堡调查沿着霍桑实验的方向，调查什么是激励员工的因素。也就是赫茨伯格教授著名的双因素激励理论，也叫"激励－保健理论"。

这个实证研究发现，薪酬福利、公司政策，人际关系等，只能保证员工不抱怨，也就是做好了员工不会不满意，但也并不会被激励。激励因素与工作本身或工作内容有关，包括成就、赞赏、工作本身的意义及挑战性、责任感、晋升、发展等。这些因素如果得到满足，人们能产生很强的激励感，若得不到满足，也不会像保健因素那样使人们产生不满情绪。

东方智慧

中国在工业化进程上比西方晚了近百年,在科学管理上,我们是学生,是追赶者。而在所谓的轴心时代,中国文化同样璀璨如星河,诞生了影响中国乃至东方数千年的思想家和政治家。随着"儒释道"和"大一统"成为主流,中国人形成了独特的对世界的认知和民族特性。

我们以"国家"为先,个体为后,我们可以牺牲个体利益和权力,服从于集中精力办大事。我们活在集体中,常常并不孤立存在,而是以相互关系确立自我。因此,我们注重"面子"和"关系",在意别人眼中的自己。由于整体大于个体,我们有时缺乏对普通个体的尊重,也常常缺乏边界感和对"私权"和"隐私"的尊重。但我们克制服从、内敛矜持、勤劳、吃得了苦;我们在意"侠义""情谊""邻里""故旧"。

我们相信"天人合一""敬鬼神而远之",然祭祖先而拜之,我们和合而中庸,见群体而小个人。学习和成长,靠的是私塾和道场,以及师傅开示和修行顿悟。面对复杂与模糊,我们很少拆解和分类,而是强调言传与意会,以及妙不可言。

我们很入世,追求"为天地立心,为生民立命,为往圣继绝学,为万世开太平";我们以立德、立功、立言为目标而希望身后不朽。我们遵顺天意、诚意、正心、格物、致知、明理、修身、齐家、治国平天下。

我们也很出世,相信缘起缘灭、五蕴皆空、六道轮回;我们修行自己，放下贪嗔痴、执念、妄念，相信"无我相，无人相，无众生相，无寿者相"，因为"凡所有相，皆是虚妄"，而"一切有为法，如梦幻泡影，如露亦如电……"，世间一切皆为"空"。

我们也很遁世，所谓"采菊东篱下，悠然见南山"。我们也很哲学，相信"为学日益，为道日损，损之又损，以至于无为，无为而无不为。取天下常以无事，及其有事，不足以取天下""祸兮福之所倚，福兮祸之所伏"。

我们有风骨，"宁为玉碎，不为瓦全""鞠躬尽瘁，死而后已"；我们歌颂"生当作人杰，死亦为鬼雄"，我们追求"舍利而取义者也"；我们有时候也相信退一步海阔天空、吃亏是福。

我们既好面子也明白"智者务其实，愚者争虚名""败而不耻，败而不伤"；我们懂得"1万小时定律"，说"凡操千曲而后晓声，观千剑而后识器""不积跬步，无以至千里；不积小流，无以成江海"，也说"无他，惟手熟尔"。

我们从不恃强欺弱，但"人不犯我，我不犯人；人若犯我，我必犯人"；我们相信"凡用兵之法：全国为上，破国次之；全军为上，破军次之；全旅为上，破旅次之；全卒为上，破卒次之；全伍为上，破伍次之。是故百战百胜，非善之善者也；不战而屈人之兵，善之善者也"。

我们秉持"善用人者，为之下""满招损，谦受益"；对于管理，我们相信管，乃控制、监督，应着重于事；理，为关心、理解，应着重于人。相对于法理情，我们可能偏重情理法……

民族和文化之形成，偶然性大过于必然性，但都有其深厚的历史及地理根基。西方讲究科学、实证，流程、工具；中国人看重体验、经验，修行、顿悟。组织中的观念、制度、政策、流程等无机要素，"西学"更有功效；而组织之理念、人文、关系、文化等有机部分，"中学"更适合中国特定的环境和人文，可以让我们在实践中得到更多的视角和理解，而不至于"囫囵吞枣"，生搬硬套。对于今日流行之网络组织、生态组织等具备模糊、混沌特质的，东方文化或许会有更大作用。其实，我们老祖宗留下的思想和文化遗产，在今天的所谓乌卡时代，用在商业和组织中，有很大待发掘的潜力，虽然其可落地性、可操作性比西学差，但在经历了40多年改革开放、西学既为本也为体的阶段之后，回视我们之所以成为我们的那些根本中的优秀部分，或许我们在科学发明、技术创新落后的情况下，可以在组织创新上有所作为。华为是一个比较典型的例子，而"胖东来"模式也是一种正在进行的探索。若我们能够用我们之"软"，内化西学之"硬"，善莫大焉。若乔布斯之"狂"，汇入东方之"禅"，必有大为。

我曾在新加坡碰到西方HR领域顶尖大师戴维·尤里奇，跟他聊了一个多小时，有些失望，感觉在组织这个层面上，他们所想的问题并不比我们更有深度。我认为中国企业家的管理水平已经达到一定程度，我们虽然在技术原创和创新上与美国有差距，但在管理上也有一技之长。所谓"东方智慧"，由于其需要具备"偶然性"与"悟性"的高要求，很难通过系统的方式学习和领悟。我们需要的是"意识的唤醒"，我们要克服的是既不妄自尊大，也不妄自菲薄。

管理的问题会具体到一个个的人，人性是其中最大的变数。东方的儒释道里有太多关于人性的论述，那些精妙的地方远远超过西方。很多人读完商学院，也应该潜心修修儒释道。这或许是本土企业组织创新和根深叶茂的路径。

"软""硬"兼施

组织的增长是一个几何量级的增长。首先是团伙模式，属于野蛮生长时期，规模在100人以下，这是组织最有生命力的时期。组织要成长，必须有更多的人，才能获得规模效益。100人之后，分工、沟通、协作的成本就开始几何量级地变复杂起来。规模在100人以下时，最好用团伙作战的方式，决策就由创始人拍脑袋决定，这时候拍脑袋的决定未必就比精雕细琢出来的结论差多少，不需要做那些体系性的东西。

100人是一个比较模糊的门槛，100人以下的组织要做得尽量"软"，不需要明确的岗位和薪酬体系，混沌运行即可；而100人以上的组织就要尽可能做得"硬"，条条框框要立起来。一个组织如果有100人以上，就需要有人专门做人力资源的工作，要考虑岗位职责、分工协作、决策机制、授权、考核体系、制度流程等等，就会复杂起来。100~500人，分层协作流程和授权体系的建立就需要HR真正地发挥作用，完成业务流程的梳理。

业务流程就包括产品制造的过程和制造过程中的权责分工，比如制造行业，工厂经理下属的领班、工段长，分别承担什么责任，应该怎么做管理、激励；销售跟工厂两端又应该怎么在激励的匹配上去解决差异问题。这个阶段HR不需要想太多，要专注于业务流程，要帮助公司度过混沌无序期。

500人以上规模的组织，业务通常开始多元化了，有不同的业务线。1000~5000人的组织，通常有事业部制了，需要在原有整齐划一的母体之下，兼容并鼓励跟母体完全不同的做法。比如说淘宝创立的时候，管理实行的是另外一套体系。这时候要有一定的母体性的基础规范，比如文化价值观、激励奖励、绩效管理、干部培养等框架，作为基础的运营规则，但是要能容忍并且能推动母体之上生出的新东西，不要用母体的东西去限制它。还是以淘宝为例，当时采取的是和阿里完全不同的股权方式，在淘宝工作的人，股权相当于阿里B2B业务人员的十几倍，因为当时淘宝的不确定性和风险远大于阿里B2B。再比如阿里影业，是一个由三四百个来自五湖四海的人组成的公司，我在阿里影业的时候，他们要做阿里集团干部考核的那一套东西，我说不能做，这个公司还没打过仗，连谁是干部都不知道，怎么做干部考核？

5000人以上规模的组织，除非开始高度的跨界经营，否则就应该拆成更小的单元，允许在事业部里授权，允许事业部和母体不一样。但是基本的使命、愿景、价值观以及干部的基础标准不能变。管理层要做好两件事：一是怎么分配利益，二是怎么决定权力。组织小的时候不需要太多约束，大一点再去规范；真正做大以后，反而又要拆小再来进一步规范。

阿里做到规模很大的时候，把公司拆成了35个事业部，淘宝、支付宝业务全部被打散，就是为了回归组织的最佳规模。今天讲互联网时代的组织是无边界、无层级的，其实优秀的组织往往在从小到大、再从大到小的规律中循环。在这个动态里，我们要根据不同的状况做不同的规划，这就是在框架性和应用性之间要做的合理协调。

/ 第五章 /
打造核心团队

团队的发展跟战略和组织是一环扣一环的，他们之间或互为支撑，或互为阻碍，任何一环的强大，都会带动另外两环的改善，反之亦然。因此，要根据战略的更迭、业务的进展及组织的演变一并考量团队。团队的构建和成长是一个长期的事情，随着组织所处阶段不同，团队建设的侧重也会有所不同。

初期要沉淀"老鸭煲"团队

企业初创期，创始人的欲求、禀赋和禀性、决策的思考逻辑、资源投入的选择，以及创始团队之间沟通互动的方式及相互关系，会在无意识中形成这个组织的DNA，决定了这个组织未来长成的样子。所谓"老鸭煲"，就是汤不管怎么稀释，原味都不会有太大的改变。创始团队的逻辑和原则一旦夯实，未来不管多少新人加入，组织的底色都不会发生大的改变。

创始团队大体可以分为两类：一类是师生档、同学档、夫妻档，这是最佳的核心团队；另外一类是"孤独至死党"，就是一个人创业，也有成功的，但起步的时候不如师生档、同学档和夫妻档来得好。

这几个组合的关系相对陌生人组建的团队，磨合的时间已经多了很多，而组织在0到0.1的阶段，如果团队本身还要花比较多的心思磨合，猜对方、习惯对方、了解对方……成本是巨大的，跟这个阶段所要采取的战略和战术是矛盾的，因为早期阶段速度和信任比较重要。

阿里早期也找了一批业界的牛人，马云曾对"十八罗汉"说，你们这些人跟我合伙，只能做"排长""连长"，我们一定要找外面的人进来。但很快他发现外面来的人虽然很牛，但并不合适，这些人各有各的理想和套路，内外磨合成本巨大，最后不得不又把他们请走。

最终还是"夫妻档""师生档"为主的"十八罗汉"，一起吃住，一起讨论，一起做事，形成了影响至今的"阿里味"，以及"独孤九剑"和后续"六脉神剑"的文化价值观体系。

创始团队中的人，如果不表明各自的观点，就无法解决分歧，为未来埋下隐患。把各自的问题摆到桌面上，彻底地、不带感情色彩地检视问题尤其重要，否则问题就会日趋严重而不可收拾。最后必须有人拍板，决断没有对错，这是创始人的胆略，如果做不了"恶人"，大概率不能带领公司进到下一个阶段。

如果因为达不成共识就拖延决策，是更大的问题。这个阶段，求同不存异，应该成为团队的基调，或许有质疑，但要先搁置，让子弹先飞起来。"谋贵众，断贵独"，一人决策，众力执行，快速反馈，迅速调整，少靠规章制度、议事规则，合伙人各司其职，各尽其忠，默契前行。这样可以搭好信任的纽带，建立深厚的感情基础，铺好"老鸭煲"的底料，确立"老鸭煲"

的调性和味道，形成熬炖的规则和价值观。

在成事的过程中，有沉没成本，有错杀，早期阶段没有关系，它们都会促成将来的成功。合伙人的磨合就是各司其职，在谋和断之间做好决策，为将来的成功打好基础。在创业初期只有一个声音，越过这个阶段，大概率不会在使命、愿景上出现重大的分歧，要学会抓大方向，这样团队的情感和向心力会越来越强。

这一步如果走好了，就为团队未来的扩张打下一个安全的基础，选什么样的人，用什么样的人，团队怎么组合、怎么决策、怎么评价，会形成"主观的默契"，而非规则和标准的争论。创业初期形成的"主观的默契"，会成为未来组织治理所需要的制度、标准、流程的重要来源与依据。

随着业务的成长，事情会变得复杂起来，难度也会增加，需要更多不同的团队组合，组织也会从"求同不存异"向"求同存异"进化，决策机制也会越来越规范，"无机"的部分会越来越强，但"有机"的部分大致会保持原来的味道和调性，直到多元化或集团化时，达成"求大同、存大异"的生态系统。

在企业发展的漫长过程中，每个人都要守住自己的职责和定位，初期的"老鸭煲"团队就是地基。对创始人来说，用户最大。创始人守卫的一定是用户价值，创始人一旦搞不清楚自己的定位，也不知道该对谁负责，甚至期待职业经理人能够对用户负责，这就是错位的。

为什么星巴克的业绩出现下滑，霍华德·舒尔茨一回来情况就开始好转？不是说职业经理人不好，而是他们天然对业绩负责。业绩是每季度发布的，一个季度财报不好看，两个季度财报还不好看，董事会大概率就要找他谈话了。如果四个季度财报还是不行，董事会大概率要把这个人换掉，这就导致职业经理人的决策和行动是以季度为周期的。

优秀的创始人经得起短期波折带给他的压力，要用十五年、二十年的时间把事业带到一个高峰，在商业上是成功的，同时在这段历程中培养一批人，可以放心地把事业交给他们。

这个新的团队遵守着创始人的组织价值观和商业价值观，而且他们年轻，对于新市场、新技术、新的商业模式有想法，远远超越老一辈习惯看到的东西。组织在他们的带领下，专业主义与职业化会长久存在，再过二十年也是这样。如果创始人用心去打造这个团队，而且做得非常优秀，非常卓越，新团队会把你的初心和理念再传递二十年，百年老店就是这么来的。

在战斗中筛选核心运营团队

创始人在"谋贵众，断贵独"的阶段，就要在战斗中识别组织的下一代核心人员，创始人要意识到，除了合伙的三五个人，识别并打造核心运营团队也是一个战略性的问题。

识别的核心是在战斗中识别，传统的人才盘点也好，测评工具也好，都是辅助进行业绩评价的。这些东西都能帮创始人在现有团队里筛选出可能会成为核心力量的人选。

所有的事情都是用结果和过程判断一个人。结果有超越预期、符合预期、低于预期三种。过程中，个人的努力有拼了命、一般性拼命、不拼命三种程度。在选人的时候，看结果重要，看过程更重要。

在早期阶段，要选那些拼了命、结果超越预期的人。你也许会疑惑，为什么不选择不拼命结果也超越预期的人，他们不是更厉害、更有潜力吗？这需要区分什么东西是相对来说可以通过后天训练获取的，以及什么东西是天生的。

潜力没有意义，它必须变成能力带来结果才有意义，而且潜力的发挥相对比较艰难。但有了潜力一定会带来好的结果吗？这需要画一个大的问号。潜力能不能发挥取决于一个人本身的"操作系统"，也就是这个人的态度、驱动力等，这个操作系统将决定"应用软件"，也就是能力能发挥到什么程度。

我不能在绝对意义上说一个拼命的人的操作系统就好过不拼命的人，但好的操作系统是比较难建立的。这个世界上多的是聪明的、有潜力的人，但有好的操作系统的人不多。这好像是两个不同的概念，但又并不是非此即彼。人群中总有 5% 的人又聪明又有潜力，操作系统又好，这些人就形成了优秀的群体，但优秀群体中的大部分人自己创业做老板了。

假设你的操作系统逼着你拼命，但是你却选择只达成给定的目标或者超越一点就停下来，这就是个人取舍的问题。

本来拼命去做你其实可以达到 15 分，但公司告诉你 10 分就很优秀了，所以你停在了 10 分。这样你即使在某一个阶段很优秀，之后也可能会掉队。时间太伟大了，如果把组织看作一辆行驶的车，拉长时间看，组织中的人会有留在车上的，有滚下来的，也有跳下来的。从组织出走的绝大部分是聪明人，留下的大部分是努力的人。而企业的核心运营团队，在早期要奠定公司 DNA、文化基调的时候，拼了命完成任务并超越预期对于组织非常重要。

企业成长总会遇到沟沟坎坎，会遇到入不敷出的情况，总需要有一些在那个时候能够跟你共度艰难时光的人。创始人期待公司是这样的，就持续选拥有好的操作系统的人进入核心运营团队。创始人与核心团队在早期所传递的声音会形成文化。如果是拼了命、超越预期的人形成了主流文化，管理成本就会低。

我在不同的公司遇到过两次类似的状况，但两家公司对于该状况的处理呈现为两个极端。一家公司遇到困难的时候，还没等老板有什么想法，同事们就找来了，主动提出降佣金减薪。另一家公司遇到困难，创始人要琢磨半天怎么跟高管沟通，还不敢告诉高管会少发合同里约定的奖金。

那"拼命"的标准是什么？努力的标准是什么？我倾向于

在早期不下定义，而是几个合伙人通过观察和商议案例形成共识。在这个阶段，要尽量延迟制定标准，让标准慢慢形成，等组织规模化的时候再把这交给专业的人，形成标准体系。

组织早期暂时不要纠结什么叫努力，什么叫拼命，创始人会通过行为与决策形成共识，让组织发展在大的方向上是清晰的，而不拘泥于某一件事情、某一个行为。在这个层面上达成方向性的共识以后，随着组织变大，更专业的人进来，团队会进行下一步迭代。

吐故纳新沉淀核心班子

核心团队同样存在内部培养和外部聘用的情况。尽量让其中超过一半的人来自内部培养，因为他们在梦想、价值观上与创始人高度一致。在文化价值的趋同性方面做努力，公司往前走时方向就不会发生大的偏移。

合伙团队不是恒定在三五个人，无论如何一定要有吐故纳新的机制。随着业务成长，有一些人的能力慢慢跟不上，就要退出；随着公司战略越来越清晰，越来越不认同公司文化的人也要退出。

创始人可能会面对各种各样的情况，即便没有任何特殊原因，也需要让一些人退出，完成吐故纳新的过程。这是生物学上的自然规律，市场竞争、技术演变永远需要高层有新鲜的血液。

因为人有成功路径依赖和习得性无助这两个行为习惯。成功路径依赖指人做到一定的层级后思维产生固化，很难接受新东西。习得性无助是指"这事没办法，这事就不应该这么做"的态度。组织成长以后，体系制度化、流程化到了一定程度，这两种行为习惯会使组织僵化，并滋生官僚主义。

合伙人团队和核心团队的成长过程中，有的人会快一点，有的人会慢一点，这没有关系。但是有的人封闭了、固化了，跟未来发展有点脱节的时候，就应该让他在决策层慢慢淡出，且要回购其所持股份，降低其所占比例。个人能力跟不上组织发展的话，应该逐步调动其岗位，股份上也可通过增发来不断稀释。

创始人变成这样的概率非常小，但创始团队中可能有人是这样的。怎么识别这样的人？对于新事、新人的接受度与好奇心变小，否定新的尝试，或者公司尝试新业务的时候，他总是说不应该，那他大概率就是封闭了。

要保障公司团队与组织建设，吐故纳新在核心层是必须发生的。创始人一定要始终警觉、警惕，在顶层的治理机制上储备可以接替的人，对于新的东西有新的组织力量去关注，保障这个组织有对于新事物、新技术、新市场、新商业模式、新供给的视角，以对抗一些人的成功路径依赖和习得性无助，抵御它们带来的僵化和官僚化。

每年都要有几个新人通过打仗做业务被筛选出来。打仗做业务是什么意思呢？就是要拿到结果，轮转于不同的部门，管理不同的事情，管理不同的团队，并且有80%的概率能够成功交出一个相对漂亮的结果。这类人在执行层可能有三五个，中层有三五个，高层有两三个，每年都要去甄别。

一般到第三年，初创团队可能有一部分人开始分化，此时需要引进专业人才；第五年，需要空降策略性人才，此时机制体系成熟，人才处于滚动式成长阶段；第七年，团队大概已实现人才多元化，经得住核心团队换血；第九年，应该坚持人才自我造血能力，筛选多元化领导型人才，形成新的文化特色。

以阿里为例。阿里每年都有一个对于副总裁级别以上人的硬性指标——有没有一两个下属可以选出来贡献给别的事业部，比如淘宝有没有能够贡献给支付宝的总监以上级别的人，这是总裁的KPI考核项目之一。用以结果论英雄的逻辑筛选基层人员，以方法论筛选中层人员，以决策与影响力筛选高层人员，每年公司的每个圈层都有两三个可以往上跳两级的人，阿里良将如潮的局面就是这么实现的。

吐故纳新，执行的时候要灵活，但最大的麻烦在核心决策层。在业务高速成长的时候，大家都有机会，那些能力不行的人自然会被淘汰。如果业务不成长，或者成长得比较艰难，不管是市场需求端的问题，还是产品供给问题，淘汰或替换都要特别谨慎,但动刀要狠。这个时候引进人的概率更大,因为面对这样的困难,内部不能应对的时候一定会想办法破局。

创始人需要牢记:干部是剩下来的,不是招来的;干部是跑出来的,不是选出来的;干部是变动的,不是固化的;干部是有能力差的,不是完美的。

以合伙人制度传承组织

合伙人制度是个"传承"制度,它要解决团队和组织发展到最后阶段如何实现永续经营的问题。

永续经营要面对两个问题。一是企业要发展,不管上不上市,对于资本资源的需求,一定会使企业的所有权结构发生变化,企业长大的过程也是创始人的所有权被稀释的过程,终有一天,这个企业的所有权会脱离创始团队。二是从现实层面上来说,创始团队迟早会退出,但是组织还要经营下去,创始团队所奠定的初心与愿景如何能够让新的接班团队接受并延续?合伙人制度可以帮助组织解决这两个问题。

企业在发展中,假设融资经过 A 轮、B 轮,一路下去,随着对资金需求的变化,总会到达一个临界点,使创始人与核心团队变成小股东,这一刻标志着所有权和经营权的分离。为了解决这个问题,有些企业使用了"AB 股",也就是所谓的

"同股不同权"。还有如华为这样的企业,选择不上市,自主经营。

摩根士丹利曾两次到访华为总部,与华为商榷上市事宜。当年IBM和埃森哲给华为做咨询,做出了上市的架构筹备,但最终任正非给出了一个"华为不上市"的答复。

相比于上市融资,任正非选择用另外一个制度来解决,把99%左右的股份交给工会持有,他只持有1%左右。华为通过这个制度以及与银行的股权贷款安排,解决了公司的资本需求。对大多数企业而言,IPO(首次公开募股)是一个低成本融资的重要渠道,但是如果能够在企业内部找到更好的低成本融资办法,IPO也就成为一个非必选项。

在新的工会制度下,员工可以购买华为公司的股份,而公司需要资金来发展。华为出让股份,不是到市场融资,也不是找机构融资,而是向公司员工融资——我把股份卖给你们,你们也是公司的股东、经营者。但是员工没钱,就要到银行通过贷款来买华为的股份,然后用华为的股份分红来还贷款。

所有从华为正常离职的员工都可以保留持有的股份,但离职后不能干任何与华为有竞争关系的工作,而且要求每年回来"交代"一下这一年有没有干过对不起华为的事,是不是个正当的"华为人"。他们也可以选择干竞争行当,但是要把"股份"还回来,当他们不再是华为人了,自然就可以干。

阿里解决永续经营的问题是从另外一个角度。阿里的新合伙人制度是一个"人本战胜资本"的典型制度安排。

2005年，为了确保淘宝跟易贝、易趣的竞争，阿里决定让出40%的股权，以获取雅虎10亿美元的融资。因为出让股权之后，董事会的投票权已经大到可以开除CEO，所以当时融资谈判时，约定董事会不能开除马云。2009年的时候，阿里内部开始讨论，作为企业的小股东，还要让这个企业继续存活102年，应该怎么做才能够把经营权始终掌握在自己手里。

一旦资本方进入，公司就会走向职业化，职业经理人只会向股东负责，从而导致短期动作变形。所以在2010年的时候，阿里出了第一版合伙人方案，以阿里10个最高级别的管理者组成合伙人团体，这就是阿里合伙人制度的雏形。到了2014年上市的时候，阿里合伙人制度正式建立。

合伙人制度本身其实挺简单，就是要解决资方和经营方之间的博弈问题，确保公司的传承，让公司不会因所有权的更迭而陷入动荡。

阿里合伙人制度的作用是内外两面的。第一，经营者通过合伙人制度保证公司在成为公众公司后，对重大决策仍有控制权。第二，对内保证新老合伙人团队在接替时，企业最初的使命愿景仍然是被继承的，新的合伙人团队在决策的时候，不能偏离阿里的使命、愿景、价值观。

阿里合伙人的席位还在不停地扩大，从最早的十几个人，到后来的三四十人，每年合伙人席位都会有进入和退出，但只有两个人的席位保持不变,一位是马云,另一位是蔡崇信,为永久合伙人。合伙人的选举每三年一次,靠不靠谱,是不是组织需要的人,要靠使命、愿景、价值观来检验。新晋者是不是非常好的文化信仰者,是不是有很好的绩效结果,有没有人反对,都要公示一下。

每年合伙人都有权力提名谁进合伙人团队,但是需要 3/4 的多数票和合伙人的整体同意,这个人才有机会进。这是基于第三方部门通过做 360 度测评、做公示、访谈最后形成的陈述资料进行的不记名投票。每年也有动议,说某个人应该离开合伙人团队,对离开的人来说,那是重大的损失。

/ 第六章 /

锻造干部队伍

甄别好干部的三个维度

什么叫一个好的干部？我们通常会把好的干部叫作段位比较高的干部，但如何评判一个人的段位是否高？有以下三个维度（见图6-1）。

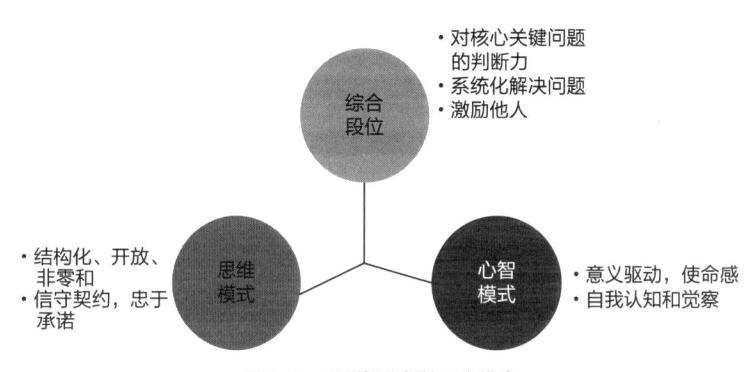

- 综合段位
  - 对核心关键问题的判断力
  - 系统化解决问题
  - 激励他人
- 思维模式
  - 结构化、开放、非零和
  - 信守契约，忠于承诺
- 心智模式
  - 意义驱动，使命感
  - 自我认知和觉察

图6-1　甄别好干部的三个维度

心智模式

第一，看心智模式，所谓心智模式，指深植在我们心中，关于我们自己、他人、群体及周围世界的认知，以及我们的深层驱动力、追求和目的。一个段位高的人，心智是成熟的。

心智模式的成熟是一个从强自我意识到弱自我意识，再到无自我意识的过程，不断修炼才能完成。一个人在成长、成功的路上要不断强己度人，才能克服各种劫难，战胜各种"妖怪"，达到彼岸。如果只是"孤家寡人"，再强大也不能完成这个艰难困苦的旅程，只有成熟、通透到渡人助己，才可能达到圆满。

所有有意义的利他最终都会回到利己。每个人都会利己，这是天经地义的。但是如果从利己的角度出发做事情，结果不一定利己。那些有大智慧的人往往是从利他的角度出发，最终回到利己，所以他的人生是一个正向循环，不投机取巧，不叽歪，不算计。

思维模式

第二，要看思维模式。思维模式包括哪些？

首先是归纳、演绎、分类、排序这样的结构性思维能力。比如有的人走了五步看到一棵树，走了十步又看到一棵树，他就只能看到树。有的人看到几棵树之后，就能归纳出，这附近或许是一片森林。好的人才常常能够举一反三，可以从反复遇到的问题中归纳出一定的办法，并形成模块化的解决方案，在下次遇到类似问题的时候，可以用这个模块解决其中50%的问题。拥有结构性思维，你可以从过去的经验教训中总结出一定的认知和方法，用模块化的知识和经验，插拔式地去应对新的问题，善于沉淀方法论，下一次处理的时候，不用重新来过。

有的人的归纳总结要快一点，有的人会慢一点，这就是效率上的差异。比如同样一个事情，我交给A，他可能三个小时处理完，交给B，可能要五个小时，这就是效率的不同。其实大部分人在智力上没有太大的差别，主要是行为习惯、思考习惯,加上勤奋度、观察力不同,随着时间推移,这些因素会慢慢形成能力上的区分,造成人生走向的不同。好的人才,一定是开放性、流动性和结构化的,能够举一反三,能够总结,建立自己的经验,最后形成自己的方法论。

思维模式的第二个方面,是要看这个人拥有的是交易型思维还是完成型思维。

前文提到过,组建核心运营团队时,要选那些没有条件也会拼命努力的人。这种属于完成型思维,使命必达。另一种思维方式就是交易型思维,即你给我什么,我才能做什么。有些人在工作时是非常纠结的,在风险不确定的时候,他不愿意去做,如果让他承担更大的风险,他首先要求的是我的工资可不可以增加,我的奖金是不是可以增加。这种思维方式与前一种完全不同。让哪一类人成为公司的主导,是创始人在搭建初始团队时就要考虑好的问题。

因此,思维方式层面我们要看到两点:一方面,结构性、开放性、模块化的思维会提升工作流程效率,让我们有更扎实的基础,可以迎接更大更复杂的责任;另一方面,非零和能让我们看到更多可能性,"信"和"忠"能让我们获得"可靠性""可依赖性",从而让我们有机会承担更大的责任。

综合段位

第三,要看综合段位。综合段位体现在三个维度。

首先，识别问题。每个人都会做决定识别问题，但一些人很快，在其他人需要大量数据证明才能识别问题时，前者很快就可以做出判断，而且这个判断大致上是正确的，提出的解决问题的办法也是正确的。

比如对于市场里的消费变化、竞争环境变化，有些人会产生一些正确的洞见，从而在竞争的时候对于新产品开发，进哪个市场、以什么方式进、选择什么样的代理商等，有一种系统性识别关键问题的直觉。看问题很快能找到核心点，想出的办法也基本上能解决这个问题，这就是综合段位比较高的人。

其次，解决问题。每个人的价值都来自解决问题，然而有的人不但能解决问题，还会形成解决某类问题的系统。有些人看似解决了问题，却留下了一堆坑要填，这不是最优解。能从系统的角度找到问题的解决办法，这才是段位高的人。

最后，照亮他人。不仅自己有这样的能力，也会潜移默化影响别人朝这个方向前进，在他人面临困难的时候会找到正确的鼓励他的方法。解决问题可以有不同的方法，重要的是在最困难的场景里，可以增强他人的信心。在别人困难的时候拉一把，照亮他。这不是一种制度激励，不是给更多的钱，这超越了日常的战略讨论、业务、市场、竞争、融资，是人与人之间的照亮。如何做到这一点？需要用心去感知，理解别人，拥有同理心与共情力。

干部的成长：从专业到通用

识别人，基本上就那么三个维度——心智模式、思维模式和综合段位。它们就像三面镜子。实际上人在表象上也可以分类，我们可以把干部分为很多类型，每种分类都有道理。我这里想借鉴克莱顿·克里斯坦森的《创新者的窘境》一书，将人才分两大类：T型人才和I型人才。专注于某一学科的人才，我们称之为I型人才；而T型人才既有较深的专业知识，又有广博的知识面。

现在的竞争格局对人才的需要与从前完全不一样，竞争的态势不是遵循传统路径，而是跨界和综合领域的。这些领域的竞争需要T型人才的储备，这样一来才可以把握技术变化带来的新机会和新的用户需求。因为即便是传统的行当，新的技术未来对人才的需求也大概率会发生变化。

举个不完全恰当的例子：阿里有两个顶尖的技术人才，其中一个是王坚，另外一个来自硅谷。后者是个典型的I型人才，他在技术架构和算法上的能力甚至是超越过王坚的，在公司里有些人很喜欢这个I型的人，绝大部分技术人讨厌T型的人。

当阿里任命王坚做CTO的时候，员工哗然，说有更懂技术的人在，为什么任命了一个技术没有那么强的人做CTO呢？这在阿里的内网上引起了很大的争议，有人说"大忽悠被小忽悠忽悠了"。作为一个不懂技术的人，因为业务需要我不得不了解一下，我跟那个 I 型人才聊的时候，花半天也听不懂他在讲什么，而跟王坚聊一两个小时，就知道是怎么回事了。于是我就理解了，任命王坚做 CTO 是有道理的。

I 型干部，在不明确某件事带来的益处和实现路径的情况下，很难做决策，而王坚却能够凭借对技术和商业的理解，在很大程度上向公司普及技术的未来如何影响商业。

I 型的人大多较为偏执，不太懂人情世故，但专业领域的人往往会很佩服他。T 型人才在工程师眼中，未必受"待见"，但前者的开放性对于在竞争中建立新能力是有益的。

此外，从人的角度看，是独行还是群行，独行的人是"我要好了你才能好"，他可能很牛，但他比较封闭在自己的层面。有的人可能没有那么牛，但更加明白整体与个人之间的关系，在进退取舍做决策的时候，能在个人跟团队之间采取不同的选择。独行和群行的人，发展潜能跟上升空间会有一定的区别。

如果干部可以划分成执行层、规划层、决策层，那么干部成长的三个台阶的爬升，就是从单一知识到专有知识，再到广泛知识演进的过程，也就是从简单的 I 型人才到深入的 I 型人才，一直到 T 型人才的成长过程。

干部也可以分为英雄型和枭雄型。在我看来，枭雄型的典型代表是刘邦，英雄型的典型代表是项羽。

枭雄以达成最终结果为目标，不拘泥于实现结果的过程和别人对他的道德评价。项羽曾控制着刘邦的老婆孩子，也有

"鸿门宴"这样的绝佳机会,有无数个战机击败刘邦,但他内心拥有英雄主义——怎么能干这种事呢?我不干这种事也能拿到天下——对过程中道德评价的看重,超越了取得结果的权重。

枭雄对结果的看重超越了道德的约束和普通群众的看法,超过了对于个人民间声誉的看重。"生当作人杰,死亦为鬼雄。至今思项羽,不肯过江东。"项羽被一代代传颂,刘邦则饱受争议。两种干部谁更好?我很难得出结论。对于创业者,你要深度觉察自己,并做好选择。

对不同层级干部有不同要求

很多人在招聘时想要找"牛人"。所谓"牛人",就是他能够在他的知识领域解决非常复杂的问题。比如钱学森能搞导弹,一般人搞不了,但是我们不能忽视支持他把才能发挥到极致的底层系统。促使这个人经验和知识发挥的,就是创始人所营造出来的组织文化的土壤。

我们经常看到很多行业大牛换了一家公司之后,好像没那么牛了。又或者是在这家公司里很一般的人,换了一家公司突然变得很厉害,背后其实就是底层操作系统和应用软件是否兼容的问题。

如果一个人的应用能力很牛,但给他的操作系统是个 DOS 系统，再牛他也跑不起来。如果一个人很容易为了你们改变他的价值观和个性，大概率这个人也没有那么牛。这就是矛盾的地方。

那么一个10分的空降兵和一个7分的子弟兵，到底用谁？我的答案是后者。10分的人进来，经验和知识可能确实比子弟兵高了3分，但是操作系统的磨合会导致10分没有办法完全发挥。即使过一段时间去观察，重新调试不成功的概率也要超过刚好匹配的概率。

很多人说"我要找牛人"，其实就是等着摘果子。我不培养人，等别人培养好了我去捞一把，期待着捞回来的人能让自己丰衣足食。如果你真的期待企业做大做强，与其等着摘别人的果子，不如早点自己种树。

基层：结果论英雄

初阶主管的晋升，唯一标准是结果，比如有没有拿下单子，有没有按时完成开发和采购。员工能否成为一线主管，结果是唯一的判定因素，因为这是靠自己的简单技能和经验可以把控的。

我去国外商学院最早学习到的知识是，一个好的销售不一定会成为好的销售主管。他们认为将一个好的销售提拔为销售主管以后，很大概率会损失一个好销售，产生一个很差的销售主管。但我觉得中国不一定是这样，好的销售就应该让他成为销售主管，所以创始人选择一线主管的时候，只要一个人的本职工作做得比别人快、比别人好，这个人大概率比别人更适合做管理团队的一线主管。从权重的角度来看，基层干部考核就是要以结果论英雄。拿到结果就有机会晋升，论功行赏是基础，这是最应该在一线坚持的原则。师傅带徒弟，言传身教。只有那些拿结果打粮食的人有了收获，别人才会信服和效仿。

中层：过程论英雄

评价中层干部，结果好只是其中一个条件，更重要的是达成结果的过程，比如如何做决策取舍，以及怎么激励人、点亮人，还有是否有自己的方法论等。包括他展现了怎样的资源协调能力，展现了怎样的谋略和沟通协调能力，怎么激励队伍，怎么考核队伍，招什么样的人进来，等等，达成结果是一个必要条件，只是一个门槛，过程是一个充分条件。

一线的人是只要有结果就可以晋升，但对于中层的人，有结果不是其晋升的必要条件，过程好了才可以。怎么理解这个问题呢？我们不妨来讨论一下。比如，轻松取得"A-"成绩的团队负责人和拼命取得"A"的团队负责人，我们应该晋升谁？

同样从两方面来看。一方面是结果，分为未达标、达标、超越预期；另一方面是过程，分为轻松、努力、拼命。从我的角度来看，最理想的人选当然是拼命取得 A+ 的，做这种选择几乎不用犹豫，这种人应该得到晋升。比较难选的是我们上文说的这种情况，拼了命拿到 A 和轻松取得 A-，我们应该如何选择？

这种判断与能力、价值观不相关，能够做到团队负责人的，首先这个人的能力和价值观都没有问题。这种情况下，我的经验是，优先晋升轻松拿到 A- 的团队负责人，因为我知道，我还可以给他更复杂更艰巨的任务，他的团队还有很多战斗力没有发挥出来。而拼命拿到 A 的人，我会担心他已经透支了团队的精力，如果再给他更重的任务，会不会让团队崩溃。这样的人我非常欣赏，但是再打另一场战斗，他和团队就不一定行了，我们得让他们休养一下。

很多人会疑惑，我已经超额完成了任务，为什么不能晋升？这是因为达成结果的过程还有待改善的地方。中层干部的工作更多是协作、协调资源，打破"部门墙"，建立队伍的文化，所以过程比结果重要。拼命当然非常重要，结果也非常重要，但是过程和机制的设计是否合理、资源运用是否得当、结构化思维和执行效率是否优秀，都是管理者侧重考虑的一部分。

此外，如果成绩连 B 都没有达到，再拼命、再有激情或者再轻松都没有用，晋升还轮不到，先把团队业绩提到 A 再说吧。

同时，在做出这种选择的时候，一定要和负责人做好充分的反馈和交流，让大家明白公司是如何考量的，这样才不会产生额外的误会，造成感情上的误伤，团队接收这样的信号之后，才会更从整体的角度去思考这个问题。

高层：影响力论英雄

干部进入管理规划或者策略层的时候，创始人一定要有意识地培养他的综合能力。

比如这个干部是设计算法架构出身的，可以让他去管管产品相关的工作，不是为了让他从事这方面的工作，而是为了延展他的宽度，慢慢地，或许他就能参与营销策略的制定，再回到研发，他就更清楚用户的需求与产品交付，以及技术架构对应什么样的产品，成本又是怎么样的，他的能力就会变得更综合。组织需要给干部制造场景，这样干部才能变成T型人才。

一个人的知识很大程度上是通过正规的教育和公司的培训获取的，学校的学习和公司的培训都是为了让简单的东西变得专有，专有的东西变得越来越深和越来越粗。干部晋升的另一个重要方面，不是课堂学习，而是举一反三来总结知识，也就是在工作轮转中学习。所以干部的培养就是由细到粗，再到扁平，这样他们就有了弹性、延展性。

跨事业部的轮转是最高级的任命轮转。创始人在考虑最高级的、新的合伙人团队时，如果选定了人，真的有必要让这个人跨一两个事业群或者事业部轮转一下。这样他再回到那个战略层面的时候，思考的层次与知识结构会越来越宽、越来越厚，不单是专业能力变厚，横向的管理能力也会从薄到厚，越来越宽。有一天升他做CEO去管理两个事业部的时候，他不仅对人脸熟，也会知道核心业务的决策方式。等他的战略洞见、团队管理能力达到一个高度后，还要不断增加他的曝光度、行业的影响力。比如带他去大的行业论坛，让他参与比他级别更高的会议、交流，这些东西是将中层干部培养成高层干部最有效的办法之一。帮他扬名立万，让他跟业界大咖平起平坐，这些是创始人要去帮他营造的，也是情感账户储蓄的一部分。

越高级的干部，越要创造机会让他去参加具有社会影响力的论坛，这不是名的问题。有很多创始人说，我的个性不那么张扬，我也不愿意出名。但创始人作为公司最大的品牌，当然应该出名，不出名，公司还要做很多营销方面的工作，出名了，公司就可以少在这方面花费资源。马云当年去这个论坛去那个会议，始终在热搜上，为公司省了很多广告费。

所以，干部自己想不想出名是另外一回事，高级干部就应该出名。

这就是培养并识别人才的几个阶段。给他造场景，帮他成功，横向跟纵向的能力都要，其间一定是会经历波折的，这跟开发产品一样，失败了再起来，心力就厚起来了。否则一路成功，扛不了更大的责任，也成不了通用型的领导。

在阿里，干部影响力的一个来源是做老师。我负责人力工作的时候，有段时间叫停了所有外面的培训，把有潜力晋升为副总裁、高级总监的人送去商学院学习，并要求他们回来之后把最有心得的一门课结合阿里的实践讲给中层的干部听。比如怎么做一个有效的产品开发，怎么做供应链管理，等等。阿里本身也分层级，分不同的模型，让内部讲师做培训。这是训练干部的一种方式。我那时候在阿里集团，曾将所有优秀干部抽调出来一段时间,把他们组织在一起专门开发针对不同层面干部的课程,而且授课的全部是内部人员。后来我为了推动这件事,规定不管业绩好不好,没有做过老师的人不能晋升,成为老师并且讲过课的人才有机会晋升。

如果要让一个人学习,最好的办法是让他去教别人,因为自己明白和让别人明白有天壤之别。外部的老师讲来讲去,其中的很多东西是固化的,难以适应变化和落地。不破不立,认知也是一样,你自己先破,破了以后才能再立。

团队的成长同样是一个"立—破—立"的过程,而这个过程中让干部教是最好的方法。要培养干部,公司的文化就要形成一种学习型、开放型的氛围,建立一种方法让中高层不断地破与立。立、破中间最好的办法是让他教,不光自己懂,还得让别人懂,别人会发起挑战,挑战的过程就是不断破与立的过程。

干部一边要完成业绩,一边要带团队做辅导,还得备课,备完课以后还得上课。上完课以后,学员们要在内网上投票,哪个老师好,哪个老师不好,一目了然。他们经历这些以后,自己知道了破与立,就会有成长。

理清楚每一个层级要扮演的角色以后,业绩考评和训练就有了一个参照的维度,专业的人员就可以细化执行的方案了。人事考评体系设定KPI、分解目标、考核不同的干部,都是依据这个来细化,这是一个关键。

一方面，干部的培养发展是由理性决定的，要考虑经营的状况、团队的状况，以及逻辑。另一方面，干部成长有人性的感情部分，组织要帮他成长。更有效的干部成长是，在遭遇挫折的状况下，他能够在逻辑上接受，同时慢慢在感情上认同，此时他的成长是最快的。风花雪月的时候是练不出战斗力的，只有在枪林弹雨的困境中才能练就战斗力。

老人做新事，新人做老事

"老人做新事，新人做老事"是阿里特有的经验，我不知道是不是具有普遍性。它的意思是你如果要新起一个业务，最好不要从外面找人，要用"老臣"，不管这个"老臣"熟不熟悉新业务；如果是老业务想破局，那就要用新人。

老人做新事

阿里从B2B进C2C做淘宝，没有从易趣、易贝找人，找的是孙彤宇，他原本是B2B销售业务的副总裁，其实不懂C2C；做支付宝的时候找了陆兆禧，陆兆禧是阿里铁军广东大区的经理，被调回来筹建支付宝。这就是新事用老人做。其实，新业务我们也找过外面很牛的人，比如在筹划天猫的前身淘宝商城时，找过苹果大中华区的总裁，但新业务用新人做失败了。这跟个人经验能力的相关性低一些，跟新人进入公司会发生的各种状况的关系大一些。所以新孵化的业务尽量用老的人做，这是选人做事的原则。

通常用老人做新事的时候，我期待他解决的问题不是专业上的问题。不过事情办得顺利，一定要有专业的人解决专业的问题，他在这个方面要么自己学习，要么让团队想办法学习，要么找到专业的人，要么帮助现有的队伍变得专业。高层的这个老人需要发挥别的作用，建立组织能力对他来说就是一件重要的事。高层级别的管理者，不要去拼专业能力，而是要做生态的建造者，他需要发挥统筹能力和组建团队的能力，而不是成为某一个领域的专家。

位置越高的人越要克制在专业领域里的擅长。本来专业人员在这个领域里挺牛的，觉得应该这样办，结果掌权的领导对这方面也略知一二，说应该那样办。因为官大，最后大家也只能按领导的想法做。任何人到了一定位置还去拼专业能力，那都是一个笑话，虽然不能没有专业，但高层管理者千万不要让自己只埋头做专业内的事，过于专业化会出问题，一个人的能量是有限的。

新人做老事

老业务要破局，一定要找外面的人进来。因为他们没有负担，能用新思路破局，这是最简单的组织确保战略不断落地的经验。

而且，一些市场上特别专有的领域，很多时候是来不及在内部培养人才的。组织有这样的战略方向，内部花三年能不能培养？不能。现有的人行不行？不行。类似的情况就需要从外面招人来解决。招人也是有规划的，不可能随便找一个人来"试错"或"试对"。

阿里有段时间需要改造技术的基础框架，要完成去IOE①。当时内部最牛的技术人员也无法完成这件事，而培养这个能力需要很长时间，不得不花很大的精力到顶尖的研究院找人。

招到人后一定要给他空间，要支持他。打个比方，你的公司要求考勤打卡，而你招来了一个技术很牛但经常迟到的人，因为他习惯晚上工作，对于这样的顶尖人才，创始人要有心胸容忍这种冲突，虽然这个过程非常艰难。

聘用外部高管可能会面临行为方式和决策方式的转变，只要不是原则上的问题，一定要支持他。要么不聘用，要么想清楚。副总裁这样的人，第一个选择一定要从内部看，如果真的没有，再从外面聘用，聘用以后就要容忍他和你过去习惯上不太一样的东西，用他的过程和结果来判断要不要这个人。

根据在阿里系有限的经验，外部聘用的人能继续留存的绝大部分是专业领域的高管——法务的人、财务及投资的人、搞技术的人……在"非专业"领域，从外部聘用的人落地失败的

---

① 指在企业信息化建设中逐步淘汰和替换依赖IBM服务器、Oracle（甲骨文）数据库、EMC存储设备的架构模式。——编者注

概率非常高，尤其在业务上，聘用进来的顶尖人才经常一年半左右就"阵亡"了。当年阿里找来的做业务的人，包括沃尔玛全球的副总裁、苹果中国区的副总裁、亚太区供应链的总监和副总裁，全部走了。

选副总裁以上级别的人，最好遵从"二八原则"——两成的创业者精神，八成的职业化。什么叫创业者精神？就是他对有风险和不确定的东西没有那么纠结，如果他非常纠结，就不太适合进入核心团队。因为这个阶段企业还会面对很多不确定性，而核心团队对于不确定性要更加容忍。当年找阿里CTO的时候，找过一个技术很牛的人，但是他要求"我孩子的国际学校教育费用必须公司负担，出差必须坐头等舱，我股票必须……"，这些条款都跟他的表现没有关系，后来他进来几个月就走了。

但凡曾在那些知名行业和公司任职的，大概率能力没有问题，只是有的人非常关注待遇问题，但在谈的过程中，他要300万元年薪，你可以跟他约定，等业绩到一定程度的时候就满足他的要求，看看他对这件事是怎么想的。股权方面再约定一部分可变更的股权，等业绩达到一定程度再翻倍，可以以此了解他对于未来收益和风险的看法。

对于确定和不确定、风险和收益，位置越高的人越是这样，二八理论很正确，坚持这个可能失败，可能成功，但是成功以后的回报是巨大的，失败以后也能正视。

如何处理子弟兵与空降兵的关系

在组织发展与团队建设中，总会有空降的情况，不管创始人或 CEO 有多么谨慎小心，都会有问题。

空降兵的"原罪"

空降兵是有"原罪"的。因为如果按市场价招顶尖的人，指望他们愿意降薪进来，成功概率非常小，所以要准备以溢价的方式找到高级的人。结果就是高薪从外面招进来的人比原来子弟兵里做同样工作的人薪水至少多 50%，这就是"原罪"的来源。创始人一定要做好心理准备面对内部会产生的各种声音，在所有人都期待空降兵出问题的时候，只有你能够保护他，所以一定要履行好这个责任。

要避免一种情况——人没来的时候拿着望远镜找他的优点，没有优点也希望他有这个优点；进来以后怎么看他都不顺眼，拿个显微镜找缺点，边儿上的老臣说他就是这样的，显微镜又扩大一倍。创始人一定要克服这个问题。

空降兵进来是在聚光灯之下，任何一个过错都会被放大，任何一个好都会被缩小，这是组织更迭过程中自然会发生的。阿里系相对开明，因为马云会做很多舆论管理，他说："你们'十八罗汉'虽然是股东，但是只能做连长、排长，旅长以上的人我一定要从外面找。"即便是这样，我看到空降兵在进阿里相当一段时间的日子也非常难过，组织在预防上做得再好都会发生这种事。

高管空降进来，要知道上述可能发生的状况，创始人要在相当长的一段时间里给高管当保护伞，同时和他做对赌。创始人要与他建立心灵上的沟通和契约，一定要让他成功，但也不是无条件的。比如说约定好三个月要做什么，六个月证明哪些东西，最好的情况是六个月以后他自己能站住，让那些希望他失败的人、给他使绊的人闭嘴。

帮助新人存活

业务线干部外招之所以失败的概率大，是因为做业务和专业有区别。专业线的事是只有专业的人才会干，业务线是任何人都可以说几句，销售的策略、促销的策略、流量运营的策略等，有多重选择、多种路径，每个人都可以发表看法和意见，而老臣子和那些不服气的人在专有的领域里面不能说三道四。

尽量在自己的团队里培养业务线的核心团队，如果来不及培养，也不是不能招，但需要花一点时间，从而让他们的失败概率降下来。

在 2008 年金融危机的时候，我花了 6~9 个月的时间，面试了 30~50 个来自信用卡公司、可口可乐公司等的人，最终招了 10 个人进来。我告诉他们，他们是业务线的总监，开始时一个月的薪水先发 80%，他们不用上班，不用上岗带队伍，这段时间先接受培训，培训完了以后在公司各个部门轮转、客服、技术、销售……大概3个月的周期完成以后，请他们告诉我，是愿意去华东区还是华北区，然后再到前线。

业务线可以任用新人，但是我的经验是不能让他们立刻上岗。等到他们熟悉了整个公司的业务流程，熟悉了公司的人，也参加过团队会议，作为旁听者贡献过意见，大家了解他们，他们也了解这个群体之后，再上任。当初那10个人分到不同的区做区域经理，九成都存活了，而且有人后来发展得很好，最好的一个成了公司的COO。

有时候空降兵也会有个毛病，进来以后会说："你们过去搞得不太好，我们是这样搞的，要是按我们这样，效率一定会高。"这种做法招人恨，子弟兵会想，本来不想排挤你，可你想让我下岗，说我们过去很烂，那我也要让你滚蛋。

对于空降兵，中高层的人要支持他，前提是也要让他明白，进到这个环境要怎么做人。如果面试的时候他就表现出一种"就我牛，别人都不行"的态度，那就不要让他进来，他进来以后会说别人不行，最终自己也存活不下去。高管进来的第一课，创始人要亲自上的，就是让手下的人知道，他们现在做得很好，但可能未来换种做法大家会一起变得更好，这是策略，还需要关系和情绪管理。

一定要提前准备帮助空降兵落地，落地失败的原因要么是作死，要么是被"害死"，大部分"死"得快是"又作又被害"。

这些事都很重要，选人的时候一定要关注那 20% 的开放性部分，招进来以后一定要给他空间，让他不要受身边人的影响，同时跟他沟通要通畅，保证他活过来，活出来。

有很多人不在组织内部培养人才，总是去外面找，其实找人的成本比培养人的成本高。但是就像所有的事情一样，成长过程中总有一些人来不及培养，或者没有原材料生产不出来，一定会有要去招人的情况，但要想好，这个引进并落地的过程是非常麻烦的。

更麻烦的是一个时间段里引入了好几个"大和尚"，他们有的是"道教"的，有的是"佛教"的，这个"道家"的很牛，那个"佛家"的也很牛，再来个"基督教"的也很牛。且不说高管来了以后都想跟老板证明一下自己有多厉害，他们有时候也会互相踩，不光被老兵踩，新兵之间也会互相踩。他们之间的磨合成本是巨大的，人人都是大齿轮，但互相很难咬合，不到万不得已不要一下子引进几个巨大的齿轮，要有一点节奏。

所以最好早一点在团队建设上花功夫，不要到了市场窗口期这个阶段才发现不得不找几个"大齿轮"进来，否则无法抓住这个市场机会，不能让公司业务进一步发展，尽量不要走到这一步。因为这不是一件普通的事，失败是必然的，若成功靠的也是命。

/第七章/

考核、激励与监督

要什么就考核什么

考核的大原则就是要什么就考核什么。比如产品力是重要的,就在你的考核体系里把这一点当作重点。比如对马云来说人重要,那就考这个人的价值观。

考核以后,必须给一个反馈,只有得到反馈,才能改善。反馈之后奖惩要跟上,凡是被奖励的行为,大概率会重复,如果你期待他有这样的行为,你就给他奖励,不期待这样的行为,你就惩罚他。一定要想清楚你要什么,然后去考核、衡量你要的东西,才会得到想要的结果。讲道理,说服他,大概率周期会比较长,考核只是手段,目的是用最终的结果去影响被考核者的行为。这样,他自然在你公司里就能学习到什么是你想要的,什么是你不想要的。

举个例子,我在微软中国那几年,一年中有几个月是在准备去美国总部汇报。每年,微软 CEO 史蒂夫·鲍尔默会带着全球的三四十个 VP,听取和衡量各个大区团队的汇报,很像过堂。当时中国团队去参加汇报的高管有十来个人,我们会花很多时间准备,有一个重要的原因是,我们学习到了一件事,那就是对结果的即时反馈。比如亚太区一个国家的微软总裁在跟鲍尔默汇报完以后坐飞机返回,当他落地之后打开电脑,却发现鲍尔默发来的邮件是:你被开除了!

为什么刚刚汇报完就被开除了?因为没有拿到结果,一切考核都要在最后用反馈与奖惩来收口。举这个极端的例子是想说，任何一种考核都会产生一些后果，人怕被"暗算"，所以得有一些规则，考核、处罚激励就是这么个用处。

团队对考核的认识最终会来自你采取了什么行动，所有的制度与规则都要以后果收尾。比如你公司有一个副总，说今年准备干这个，结果一年下来什么都没有干成，如果你觉得无所谓，这就是没有后果。没有后果的考核，等于没考核，团队学习不到，不明白你想要什么、不要什么。要反馈，要有明确的奖励和处罚，组织才会形成肌肉记忆，团队被反复训练，就会慢慢形成共识，知道这个组织鼓励什么，批判什么。

再举一个例子，要什么就考核什么这句话不只局限于业绩。比如，有一段时间阿里巴巴急缺干部，那就考核一个干部能不能培养人才、输出人才，越是高级干部越要考核他带团队的能力。副总裁级别以上的人，在考核中都有一项指标叫人才输送，在考核中的权重为30%，如果你业绩很好，价值观也很好，但你的下属没有成长，你也只能拿到70分。从考核上就要求你每年必须为公司其他兄弟团队输送一两个人才。

有时候，明明另外一个团队更需要你团队里的某个人，靠单纯的说情或者动员是没用的，这就要变成明确的考核规则。为其他团队输送人才，本身就是重要的考核指标。如果一个人业绩很好，但是没有贡献人才出来，无论出于什么状况，奖金照给，但是期权会少很多。

无论你做什么行业,无论你的具体考核导向是什么,大原则是基本一致的,你要什么,就考核什么,考核以后要有明确的结果反馈。人成长与学习最快的时候,是反馈跟他的名、利挂钩的时候,这时他最能够体会到公司的规则。加上使命、愿景、价值观做基础,你就有机会带领团队再上一个台阶,因为这是超越名利的诉求。

2009年底,马云给全员发了一封邮件,说的就是考核在考什么。

> 关于2009年的年终奖,关键词:奖罚分明。打破大锅饭,打破平均主义。奖金是对昨天工作的肯定和对未来工作的期望。今年的奖金方案已出台,我相信大家会觉得今年的奖金发放和往年有很大的区别。今年,我们将严格执行"271"制度,旗帜鲜明地奖优罚劣。与以往相比,将特别突出"奖罚分明""愿赌服输",打破大锅饭和平均主义。公司所有层级都将对前20%进行奖励提升,同时对bottom(末尾——编者注)10%加强问责。这是对勤奋付出的同事的最大公平,同时也是激励所有阿里人去挑战更高的目标。
>
> 奖金不是福利。奖金是通过努力挣来的。它不可能人人都有,也不可能每个人都一样。它不是工资的一部分,而是因为你的业绩超越了公司对你的期望值(请特别注意这一点),今年的奖金分配原则将会进一步公开透明。我们

第七章 考核、激励与监督

将在内网上公布各个公司奖金的发放原则。我们希望每一个员工都能从自己的上级那里得到明确的信息，清楚自己的奖金为啥会多，为啥会少！

另外，以往年终奖都和基本工资挂钩，但从今年开始，年终奖不再与工资挂钩，而是根据员工对公司的贡献分配，它由所属子公司、部门还有每个人自己的绩效决定。

分配原则体现组织意志

考核是一个重要的事，分配也是一个重要的事。有关考核与分配的基本原则，阿里总结了一些"土话"——

- 有结果没有过程是放屁，有过程没有结果是垃圾。
- 为过程鼓掌，为结果买单。
- 今天的最好表现是明天的最低要求。
- 短期资源向高绩效倾斜，长期资源向价值观倾斜。

第一句话讲的是结果和过程的关系。结果与过程同等重要，考核必须既要结果又要过程。中层干部是承上启下的。一线干部只以结果论英雄，过程没那么要紧；高层有没有结果相对没那么重要，由于负有战略责任，"真"结果出现的周期会长一些，一般而言，他们能上到团队高层，是否跟创始人一样相信组织的使命、愿景、价值观更加重要，是否跟创始人在战略布局上有共识比较重要。高层更关心的是：这个公司的大政方针到底是什么？未来的方向与愿景是什么？公司的价值观与文化是什么？

一般能进入团队高层的，都有一个特点，他愿意为了赢得长期的战争做一些艰难的选择，放弃短期的利益。这是一种有潜力的表现，但并不是说高层拿结果的能力不重要，而是说责任不同，考核的侧重点不同。而且，能进入高层的，结果已经是个必要条件。越往高阶走，潜力与价值观的重要性越要超过业绩本身。

考核之后要有结果，我们"为过程鼓掌，为结果买单"，这就是第二句话。如果只有过程没有结果，不好意思，没有加薪，也没有奖金，因为你没有拿到结果，公司没有办法为你支付奖金。

第三句话，"今天最好的表现是明天最低的要求"，讲的就是组织内的竞争性。阿里当年做的 B2B 业务，是个非常辛苦的生意，员工每天工作近 16 个小时。这是阿里的企业文化，背后的假设就是人在压力与期望中成长。适度的压力、焦虑比较重要，这是阿里这个流派所实践的。

一般来说，如果一家企业处于强竞争导向的市场或阶段，相应的组织内的竞争性也要强一些，因为你要打仗，你要直面竞争。但如果是差异化创新或者创意激发型的企业，组织内的合作性就高于竞争性。组织内部的竞争性有利有弊，在激发战斗力的同时也会带来团队间的"部门墙"，带来协作的困难。

并不是说只有阿里这一个流派是正确的，没有对错，但你要想清楚你的激励原则是什么，条条道路通罗马，只要你相信它，真的去实践它，就比较好，怕的是说一套做一套，或者说也说不清楚，考核与激励的规则模糊不定，那就比较难。

最后一句，"短期资源向高绩效倾斜，长期资源向价值观倾斜"，这也是分配的原则。短期资源是什么，比如奖金，不管是季度奖还是半年奖、年终奖，奖金是对过去贡献的认可。有的人问这个人绩效评价不错，但是要离职了，我们发不发给他奖金？当然要发，他走不走都要发给他奖金，因为奖金是对过去工作的奖励。但股权激励是面向未来的，属于长期资源，今天的工作结果跟股权没有必然关系，未来的潜力大不大才跟股权有关系。可能出现的情况是，一个人现在的业绩、结果一般，没有奖金，但是他的能力项与公司未来的方向吻合，价值观与公司高度一致，未来潜力更大，就需要多配一些期权去留住和激励他。

微软有两个系统，每年所有的干部被打两个分，第一个是业绩评价分数，决定有没有奖金，工资要不要提高；第二个是期权评价分数，决定他的期权，是为成长性和未来潜力买单的。所以阿里把这总结为"短期资源向高绩效倾斜，长期资源向价值观倾斜",大体是这么一个原则。

对一家企业来说,考核体现的是组织意志。你的组织意志是什么,创始人要自己理清楚,这样 HR 就有一个落地所依靠的依据,就可以把它变成考核的系统。比如阿里巴巴非常注重文化价值观,因此文化价值观在考核中占了一半的权重,业绩考核与价值观考核分别占 50%。如果一个人的业绩评价是 3.5 分,价值观评价是 4 分,他的综合评价就是 3.75,这就体现了阿里巴巴的组织意志。

对考核结果的反馈,是管理动作中非常重要的一环。在阿里的时候,很长一段时间,我们大概每个月的第一周是空出来的,就是做反馈,要和团队的每个人坐下来谈话。当时有一个机制叫"1over1+HR",就是你作为主管要给下属反馈绩效及分数的时候,上级主管应在场并叫上 HR 负责人一起。只有持续反馈,团队行动才能有所改善,阿里所谓的"照镜子"就是这样,每个干部有一个重大的责任,就是坐下来和团队进行高质量、坦诚的沟通反馈,重点反馈在过去这段时间内,员工的绩效分数,为什么是这个分数,作为上级我是怎么看这件事的,为什么这样看这件事。

无论是对领导力的修炼还是对潜在干部的培养,做好绩效反馈谈话这件事极其重要。因为一个好的领导首先要成为一个好的老师,这样才能够让别人愿意去跟随。什么叫好领导?是别人愿意跟随你。怎样做别人才愿意跟随你呢?是你愿意教别人。反馈谈话这件事对于上下级关系的改善和干部的培养是一个非常好的场景，只是这个场景大部分时候会被官僚体制搞成"走过场"，容易流于形式。阿里在相当长的一段时间里，在这方面投入了大量资源，通过一次次考核与反馈来提高组织效能，体现组织意志。

所谓的战略要落地，要形成闭环，对绝大部分人来说就是要落在考核上，落在晋升或者降级上，对于一线干部和中层干部，只有完成了奖惩和升降，才叫作战略落地到了最小的组织单元。一个执行周期下来，要么晋升要么降职，要么拿奖金受表扬，要么被批评或者被劝退，要么留在原部门，要么明年被调动，对大部分人来说，这就是战略的组织保障。

创始人看分配，不要只看物质的部分，还要去想对分配对象来说分配体验如何。员工基础体验背后的动机首先是过好日子，付出时间、技能和经验换取一份工资，这是对生活的基本保障。如果做得好，就获得对应的奖金。如果价值观符合又有潜力，就获得对未来的激励——期权，或者被晋升承担更大的责任。

分配是一个改善员工体验的过程，要让员工认可分配，前提条件是要有公正、公平的评价结果和坦诚的交流。对绝大部分员工来说，在公司的体验，主要是看公司有没有提供辅导或培训，有没有给他照镜子，他有没有受冤屈或者不公平对待，之后能有一个顺畅的交流通道。华为提倡艰苦奋斗，但艰苦奋斗是一种文化,不是说就要过苦日子,大部分人都向往过好日子,都期待得到公正的评价和合理的回报。

越往高层走,越需要精神激励。对有潜力的中层干部来说,只有物质激励是不够的,除了过好日子,他还要有所成就,他要看有没有满足其超越过好日子的成就感的机会。轮岗就是一种极好的方式,能让他做新的事情,他可能在奖金上有损失,但是在成就感上会得到更多,由于承担了不同的责任,他自己成长了。

我做 HR 的时候,很期待有人告诉我说猎头公司要请他去别的公司,薪水能涨 50%。在阿里时常常有这种情况,我就会告诉他,你自己选择,涨 50% 你去还是不去?同时我们也面对一种情况,别人来挖人了,我们要不要给他涨薪,也提高 50%?我的观点是不调,可以跟他聊一下:你要想想你今天能够在市场上获得 50% 的溢价,是因为什么,如果你认为在这里干下去,没有再涨 100% 的机会,那你就抓住这个机会,高高兴兴离开。

如果有能力的人想走,要么他自己想清楚了留下来,要么好聚好散,江湖再见。其实,对于这类人,你想留下很难,若为了留下他许诺为其"加官晋爵",效果也不一定好。

薪酬福利这个层面是一个非常好的看人的窗口,看他的潜力,看他思考问题的结构,看他是一个注重长期的人还是一个注重短期的人。每个人的成就动机不一样,利益诉求不一样,作为创始人，你要更加关注一个人的成就、成绩以及他们做选择的影响因素和逻辑。为什么我一直说合伙人到了一定阶段必须换掉，必须有一个新的剩下来的核心班子？是因为这些人不会被短期的名利诱惑。

考核的维度分定量与定性两种。有一年，马云说："今年对总裁的考核除了业绩与价值观，还看我满不满意。"通常干部级别越高，定量的考核会越少，客观标准的诉求要降下来，更多是主观的诉求。

中国文化里面有句话叫"不患寡而患不均"，我们的习惯是这样，即便你给了张三很多钱，或者很多股票，他听到李四好像比他还多一点，本来应该挺满意的，一比较又不满意了。这就是绝对值与相对值的问题，每一个考核分配与管理动作执行下去以后，"绝对"与"相对"在不同的人群中会有不同的反应，这也是你观察人、提拔人的一个维度。如果一个人老是盯着别人比较，关注相对满意度，那他大概很难走到高层。

在分配的时候，永远会面对绝对与相对的矛盾，面对定量与定性的结合，绝对的公平是不存在的，不要去追求绝对公平，但公正是存在的，要追求公正。所谓的公正是什么？就是同一种状况要用同一个办法去处理，处理的原则可以公开透明地讲出来，这就是公正。管理与分配上，如果有人跟你谈公平，你应该好好辅导他，对于实施奖惩政策，追求的应该是公正，就是做到透明和原则一致性。

激励的三个维度

人到底会被什么激励？至少有三个维度，一是经济待遇，就是物质利益，这通常是普通员工比较在意的；二是身份地位、职级、头衔、管的地盘有多大、兵有多少，这是中层干部的诉求和动力；三是精神层面的，光荣与梦想，也就是在一起能不能干一番伟大的事业，这就是常说的"使命驱动，理想驱动"，通常是高层团队的必备特质。当然，这是个累加的过程，而不是说激励可以三选一，只给钱不给地位、不给成长机会，只给钱给地位但不分享梦想，都不长久。

先看物质利益，工资、提成、奖金、股权，到底是一个什么关系，基本上对于不同层级的人有一个不同的配比，级别越高的人固定收入占比越大，变动部分的收入占比越小；级别越低的人，固定的部分占比越小，变动部分占比越大，在设计薪酬的时候要把握这样的原则。

股权是另外一个激励人的维度，因为你把股权给出去的时候，有的人认为它是一张废纸，有的人会产生主人翁感。我们说要共担共享，这个重要在哪里？有的人不计较今年的奖金有多少，不计较工资有没有增加，但是很在意期权，对于这类人，从某种程度上要积极地看，给他发展的机会，因为他愿意把自己的前途和公司的未来绑定在一起，值得用长期主义的眼光来看待这样的人才。

薪酬定位的依据到底是什么？你招一个人，要搞清楚愿意付出多少薪酬，你给的工资、奖金和股票等等加起来，在相同工种和赛道中处在哪个位置。阿里早年的薪酬定位是 50 分位，只能找到这个市场中中等水平的人，给中等水平的薪水，因为当时 B2B 业务相信"平凡人做非凡事"，不相信精英，不需要多高阶的人才，需要的是执行力强、肯吃苦的人。后来阿里搞云计算，再以 50 分位为标准招人肯定就不行了，需要很厉害的架构师，就把薪酬提高到 80 分位、90 分位，就希望招到市场中前 10% 的人。

企业在的不同阶段，员工的体验来源是不同的，影响体验的重要部分是福利。阿里在相当长的时间里是一个低福利的公司，为什么？因为在固定成本里面，福利性支出是一个刚性的东西，一旦给了就拿不掉，很难撤回。在相当长的时间里，阿里提倡的是创业文化，是竞争文化，是高绩效、高激励的文化，所以很少有福利性的激励。激励可以分为两种类型，一种是保健因子，一种是激励因子。福利就属于典型的保健因子，吃保健品不解决任何问题，福利不好员工会有些抱怨，但福利好并不会产生激励的作用。所以，创业公司在福利设置上要谨慎一点。

股权激励对吸引高级人才是比较有效的。尤其是在创业早期阶段，股权激励是低成本获取人才特别有效的手段，一旦公司进入成熟期和发展期，如果发展得好，用作股权激励的成本一定要小。股权激励是有最佳窗口期的，利用股权激励的最佳时机是公司业务 0.5 到 1 这个阶段，也就是业务基本成形，但还没有进入快速扩张期，这个时候股权是最有用的。一旦公司进入稳定发展期，股权就会变得越来越稀缺，好钢要使在刀刃上，只有少数的人才值得用股权去激励。另外一个利用股权激励的窗口期是上市前，可以以折让的方式获得好结果。作为创始人，你在早期融资的时候就要跟投资人约定，最好拿出 5%~10% 的期权作为激励池，用于吸引好的人才。

看团队中的高层干部，很重要的是看他对待现金和股权的态度。我在引进高级人才的时候，如果这个人在现金福利上很计较，在乎公司会不会给他配车、配司机，出差时是不是安排头等舱，对股权反倒是不在意，那他大概率跟你走不长。如果一个人对股权的重视超过现金，甚至愿意降薪加入而多拿一点股权，这种人你要认真对待，至少说明他愿意相信公司的未来，因此值得长期培养。

你如果想招个高管，跟他聊得很好，怎么谈钱？我的建议是，作为创始人，刚开始你不要自己直接和对方谈，一定要找中间方或第三方，要么是猎头，要么是你们共同信得过的朋友，要么是你信得过的 HR，如果创始人上来就跟人谈钱，谈好还好，谈不好就会很尴尬。创始人一定是用共同的事业方向、共同的梦想去打动对方，谈钱的事，先交给别人去摸底，如果谈拢了很好，谈不拢你又很想要他，那最后的临门一脚，给出你的诚意，这是比较合适的。尤其是在招高管的时候，千万不要上来就自己下场谈钱，容易谈不好，也谈不透，还容易把人谈走。

再说说精神激励，所谓光荣与梦想，所谓事业的召唤，都是激励人才尤其是高级人才的必备项。当年马云什么都没有，没有资源，没有资金，没有技术，但有一个大大的梦想，要让阿里巴巴成为世界十大网站之一，要做一家活80年的公司，他就是靠这个梦想吸引了"十八罗汉"，在湖畔花园居民楼里开始创业。

作为创始人，你要培养干部，要让他们有机会参与企业的发展，要跟你思想上同频，那你一定要自己下场教带。阿里培养干部最厉害的场景就是所谓的"风清扬班"，就是马云自己带的班，每一期选二三十个人，都是隔一级的年轻人，一年一期，两个月上一次课，也没有固定的课表，就是马云带着他们去延安，去新加坡，去以色列，开眼界，一起讨论问题，一起交流想法。这要比给他们涨工资、分股权更重要，因为对这帮人来说，他们要的是成长的机会，是格局与理想的激励。

有物质，有地位，有梦想，人这一辈子，就是被这些东西激励着，不同的人有不同的侧重，不同阶段有不同侧重，但都跑不出这些维度，现实生活要改善，还要有不断的成长，还要有个梦想在召唤。作为创始人，如果能遇到几个知己，在这三个层面跟你的看法基本一致，就算很不错了。

最好的监督是用结果说话

有了考核和激励,还要讲讲怎么监督。为什么要监督?因为组织大了,有授权,有分权,就必然要跟上监督措施和监督机制。比如公司事业部大了,"诸侯"要轮转,轮转就是分权,分权也是一种监督,把职能分开来,腐败的风险与财务的风险会被降低。另外,要有审计机制,定期对一个事业部做审计和评估,及时发现问题,及时改进问题,避免窟窿捅大了才救火,那就麻烦了。轮转破诸侯,审计抗风险。

定期去检视和复盘也是一种监督,每个月根据考核结果与员工进行反馈谈话就是一种过程中的监督。除了这些机制性的监督措施,我要特别讲讲作为创始人还要有的一些非机制性的监督方法,比如随机的抽查和巡检。

阿里有一个特别的监督方式,叫"闻味道",马云会时不时地去某个团队转转,走一走,看一看,随便找几个人聊一聊。为了什么?为了感知员工的情绪,感知团队的氛围。马云"鼻子很灵",有时候在办公室转一圈,就会说这个团队感觉不太对劲,氛围不对,事后了解一下,果然是有问题的。员工脸上的表情是藏不住的。

制度性的监督、岗位性的监督再加软性的监督,就会形成一套监督组合拳。更重要的是监督要有结果,你发现问题之后,能不能杀伐决断,敢不敢做,对创始人来说是最重要的。你如果有制度，有岗位，也走动，但发现问题都轻轻放过，那就失去公信力了。在监督上有一条原则，叫"后果自言"，也就是不用你说什么，不用你多讲大道理，你会做什么惩罚、你的处理结果自然会有说服力。久而久之，你的监督机制就会在系统的威力之下，把那些需要个体一个一个去紧盯的事规避掉。

所有的监督体系都需要由极致的处罚和极致的奖励树立起制度威信。个体看到这样的后果就会去学习，就像前文讲的小孩玩火，你跟他讲别玩火没有用，你允许他碰一下，他感知到疼了，就再也不会玩火了。最后的监督与管控，就是让制度发挥系统性威力。人对于系统性威力的遵守与敬畏源于最终的后果。所以为什么有时候创始人要做"坏人"，要杀伐决断，正是因为创始人在担负一个组织发展的重大系统性责任。这个系统在建设过程中不能因为创始人讲个人情义而变得松松垮垮，这个系统要发挥威力也不是依靠每一个人去紧盯、去调查，而是靠创始人的处理方式来维护，所谓"杀一儆百，杀鸡儆猴"就是这个道理，这是创始人的责任，杀伐决断，后果自言。

/ 第八章 /
沉淀文化力量

组织文化为什么重要

每一个有雄心的创业者都希望自己的企业不但能赚钱，最好还要有文化。文化不是面子工程，而是企业的核心竞争力。前文谈到的战略执行、干部培养、激励机制等无一不是在文化的作用下进行的。因此，论及文化的重要性，依然需要用一章内容专门谈一下。

组织文化的分层

文化是一个抽象概念。我们常说这个人有文化，那个人没文化，这个国家是基督教文化，那个国家是儒家文化……那日常生活中我们谈到的文化和组织文化有什么关系呢？在我看来，组织文化有三个层面的含义。

第一，文化是由所有物质表象及精神内在组成的整体。书籍、建筑是物质文化，儒家思想、巴洛克风格是精神文化。从时间线看，文化包括既有的、传承的东西，也包括创新的、不断发展的东西，这些都是文化。

组织文化也是一个组织中物质表象和精神内在组成的整体。一般来看，组织文化有四个层级，核心一层是企业的使命、愿景、价值观，这是精神层面的；往外是中层的制度文化，比如奖惩、晋升或者差旅报销；再往外是浅层的行为文化，比如一些仪式典礼、文化娱乐、英雄楷模等；最外层是表层的物质文化，比如企业识别系统（CIS）、建筑、文化设施等，都是有形有相的物质表象。

第二，文化凝聚于物质之中，又游离于物质之外。我们常说的价值观念、思维方式、生活方式、行为规范，这些都属于文化。它们依托人的行为而存在，但又不仅仅是能看到的行为。有些人的外在行为相似，但是思维方式有很大不同。在商业上也一样，世界上的咖啡店有很多种，但是强调"第三空间"的文化让星巴克变得与众不同。

第三，学者将文化分为了器物文化、制度文化和精神文化。这三种文化在商业组织里都有体现。比如小米，手机就属于其可见的器物文化，极致性价比就是制度文化，而开放的粉丝生态系统是精神文化。

其实，一个组织区别于另外一个组织靠的就是文化。文化是显性的、物质的，也是抽象的、看不见的。

企业文化与组织心理学领域的开创者埃德加·沙因（Edgar Schein）曾率先提出文化本质的概念，对文化的构成因素、形成根源和同化过程提出了独创的见解。沙因还被誉为"企业文化理论之父"。

沙因提出的组织文化"睡莲模型"（Waterlily Model），认为组织文化是由三个相互作用的层次组成。第一层是物质层，它是文化的花和叶，包括那些可以被观察感受的体系和过程，如技术产品、行为、组织架构。

第二层是外显的价值观,它是文化的枝和梗,如质量意识。

第三层是潜在的基本假设,它是文化的根。就是那些无意识、下意识的信念和观念,这已经是形成肌肉记忆的行为准则。

这三个层次也呼应上面讲到的文化是精神和物质相融合的整体。

往深了看,沙因指出,文化的三个层次涉及五种关系,分别是自然和人的关系、现实和真实的关系、人性的本质、人类活动的本质以及人际关系的本质。这五种关系阐释了文化最根本的思考出发点,可以帮助创始人厘清自己的理念与禀赋,比如什么东西能让你大怒,什么能让你大喜。这是一个指导性的思考维度。

做文化,从认识人性入手

在组织建设中形成文化,需要尊重人性。对于人的认知是一个无止境的课题,中外哲学家、思想家以及各种宗教都在探究这个问题。在组织建设过程中,该如何认识人性呢?有三个角度很重要。

首先,要认识到人是有自由意志和自主选择能力的。这是人性最核心的部分,也是人区别于其他物种的关键。比如在工作上,一个员工可以选择你作为雇主,也可以选择到其他企业工作。他在这个岗位上可以投入120分精力,也可以投入20分精力。他不是完全听命令的"打工人",他有自己做选择的权利。

其次,要认识到人是会理性算计、趋利避害的。比如在职场上，他要在某一个体系生存，想升职加薪，就会算计自己的付出和回报。为了达到个人目的，行为就不能完全"随心所欲"，有时候行为会违背本心。

最后，要认识到人会受情绪影响，人对情感归属有需求，这会影响人的自由意志和自主选择。比如，有的人是极其理性的，可以说他们很聪明，或者很精明。有一些人就不太会算计，可能他们比较情绪化，不过这类人反倒容易接收到别人对他的善意。这些都是中性评价，没有好坏之分。

在思考文化、人和组织关系的时候，要从这些底层逻辑出发。人愿不愿意创新，愿不愿意"996"，是发挥自由意志和自主选择的结果。但是，他会受到趋利避害和情感情绪的影响。在组织建设中，要给人自主创新的空间，同时又要有约束性的制度。

人的复杂性还体现在人的角色上。大部分人有共同的底色，只是不同人偏向的角色性格有所不同。

第一，人是一个经济人。为了追求个人利益最大化，人会趋利避害。

第二，人是一个社会人。需要和外界做交换，需要归属感，也需要获得认可，这是人的社会属性。经济人偏向个体，社会人更偏向集体。

第三，人也是一个使命人。少部分人能超越经济人和社会人属性，不那么算计也不是那么需要别人的尊重与认可，这类人心中更看重的是他们所要奔赴的方向和达成的目标，而不是别人的评价。

人是这三种属性的综合体。核心团队最好是混合形态,其中既有人偏经济人,也有人偏社会人,最好是多一些使命人。这样的团队更能为了信仰、为了看不见的理想去奋斗,去发挥个人的影响力。只有深入了解人性,才能在制度、价值观和文化建设上找到清晰的路径。

文化建设拉动绩效提升

有的人认为,建设组织文化和提升绩效之间是矛盾的。如果重视文化就会牺牲绩效,重视绩效就谈不了文化。其实,文化和绩效是统一而不是对立的。文化的作用体现在文化的凝聚力和对业务的促进作用这两个维度。凝聚力能让个人欲求和组织目标更一致。

我们常说的绩效有三个影响因素,分别是激励、满意度和能力。人之所能被激励,主要是因为他实际获得的奖励超越了他的期待。比如,一个人本来期待能拿5个月的奖金,但实际上发给他了7个月的奖金,这就能形成激励。

只给超预期的激励也不行,前文也讲到,一个人对激励感到满意,还和公正性有关。假如同样发了7个月的奖金,某个员工发现老王和他拿的一样,但是,他感觉老王的能力比他差很多,他还是不会满意。

要保证激励的有效性,需要让绩效考核的原则和结果更透明。比如，马云会给阿里高管打分，并且在团队内公布为什么这样打分，这样大家对待结果就会更心平气和。选择什么样的人去激励，激励是否符合他的预期，他是否能被激励，这些都和文化有关。

通过在文化上下功夫，人就更能被工作的意义驱动，那么他对物质的期待就会低一些。文化做得好，选出来的领导就更有担当，更能激励人，他的部下对组织就会更满意。这些因素都会影响个人的绩效表现。

一个企业整体的劳动生产效率的提高也和文化有关。

一般来看，劳动生产率和三个因素有关，分别是技术、人际关系以及资源投入。这里的人际关系就是组织关系。谁向谁汇报，什么层级的人有什么样的薪酬，公司的培训与晋升的规则等等，也都和文化有关。

总之，组织文化和业务的推进息息相关。同时，组织文化必须能推动绩效提升和劳动生产率改善才是有意义的。

文化是"因"也是"果"

那么企业该如何形成自己的文化呢？这要从文化的产生机制和带来的结果入手。文化是推动企业不断发展的"因"，也是各种因素作用下的"果"。

组织文化是一个"果"

文化是创始人和企业不断做功以后自然形成的"果",其中最直接的就是创始人、合伙人团队对用户价值和员工价值的理念。之所以强调这一点,是因为有时候和创始人聊天,他们会说:"我要做文化,我要把我的公司打造得有文化。"其实,如果一开始你没有想清楚,只是半道为了做文化去进行"设计",你就很容易跑偏。比如,一说要打造企业文化,很多人想的就是先找品牌公司去做标语和VI(视觉识别系统),这其实是本末倒置。

用户价值回答的是你提供了什么价值和怎么给用户提供价值,这和产品研发、生产、市场、销售以及供应链有关,这些活动和规制的总和就是商业模式。员工价值回答的是招什么样的人,晋升、淘汰什么样的人,让谁负责更多的事,给谁更多的期权奖金……这些规则的组合就是组织模式。

从长时间维度看,创始人的禀赋和初心会影响商业模式及组织模式。比如马云是教师出身,马化腾是通信专业出身,他们的个人禀赋、创业初心有所不同,用什么样的规则去设计、实践商业模式与组织模式也会不同。

作为企业创始人,必须找到自己坚守的用户价值和员工价值,然后依据这些理念去设计和实践商业模式、组织模式。长此以往,通过公司的制度规则,企业的使命、愿景、价值观就会显性化。当员工和用户对此有清晰感知时,这个公司就有了自己独特文化的源头。

比如,你在京东上买东西,退货的时候,客服会定期联系你,关心你的退货进度和体验,这个操作会让你感知到这家公司对用户利益的关切,这其实就是文化的显性化。

可能打电话这个操作对企业来说就是成本,不过这个微小的地方,恰恰是该下功夫的地方。只有在日常管理中不断实践用户价值和员工价值,去明晰、去总结,文化这个"果"才会成熟。它不是一拍脑门迸发出来的,也不是冥思苦想出来的,而是实践出来的。

在企业创立之初,不一定要去喊口号、去固化这些原则,不过要留意去总结、提炼。阿里的组织文化部门是企业到了一定规模才开始设立的。那个时候,用户价值和员工价值的理念越来越明晰,需要一些仪式去固定,也可以称作"器物化"。比如,文化部门有一个重要工作是策划"阿里日"活动,要举办阿里人的集体婚礼。这种活动设计让文化这个"果"更显性化,更有感染力,而不是因为有这个活动,才显得公司有文化。

文化的形成可遇不可求,需要不断的积累。看一个公司有没有文化,要看一些艰难时刻员工的行为。前文有举例,一家公司经营困难了,人家高管能主动提出降薪,这就说明这家公司有自己的文化。

文化这个"果"的形成与个人和群体的关系有关。

组织里的每个个体都有自己的欲望,他一定先要利己,然后才能利他。从这个角度看,个体的人永远靠不住,怎么靠组织能力让个体更靠得住呢?

第一,在选人的时候,尤其是选高层管理者的时候,除了能力、经验、战功,还要关注深层驱动的核心因素。比如,以阿里为例,是"斤斤计较"还是"又傻又天真",是判断高层管理者的重要维度。同时,通过考核,让个体始终处在适度的压力和焦虑下,以保持进取心。

第二,组织价值观和规章制度设计要坚持利他。也就是当企业把员工个人的事考虑得比员工自己还周到时,员工自然会被激励,更能上下同欲。

我在阿里十多年,能够强烈感知到这家公司一直在制度、文化、人性之间做平衡。阿里是一个"江湖",江湖的好处在于人和人之间磨合成本很低,当个体和组织能很好地融合时,文化自然会形成。大家知道这是一家怎样的公司,味道对的人愿意加入,不对的人自然就会远离或者被淘汰。

作为创始人,要弄清楚个人和群体之间的关系,把握好个体利己、群体利他的优先顺序,这样组织就会更有文化生长的土壤。当企业帮员工料理好利己的部分时,员工就会更愿意付出,从而形成一个循环,这就是组织的基础能量和组织文化的根。

组织文化也是一个"因"

文化是企业管理的最高境界。企业通过不断卖产品、搞生产制造、服务客户，以及不断训练、淘汰、任用、提拔人，这一系列做功，加上创始人的禀赋、初心和价值观，最终形成组织文化这个"果"。

这个"果"一旦形成，个体对组织的认同感、自驱力和归属感都会增强。这样才能让企业更有战斗力。所以，文化也是一个"因"。这个"因"，无形胜有形。

文化是企业的一种独特能力，能帮助企业穿越周期。有了文化沉淀，当潮水退去，所有企业都面临挑战的时候，有文化的企业会更有韧性，抗击打能力更强，活下去的意愿更强。如果平时没有去种文化的"因"，难的时候企业就可能挺不过去。就像新冠疫情对企业的打击，活下来的企业相比"倒下"的企业一定做对了什么。其中，很重要的可能就是文化的力量，这是活下去的信念和能力。

我经常说："现实越黑暗，理想越灿烂；现实越辉煌，理想越暗淡。"人越在艰难穷困中，对于胜利的渴望、对于未来的期待就越迫切，因为别无所依，理想反而更坚定。就像解放战争期间，共产党在兵力、物力、财力上都不如国民党，但是，在强大的精神指引下，共产党迸发了更强的战斗力，最终取得胜利。

文化的终极状态是成为信仰。感性层面不需要逻辑，不需要思辨，就因为相信它，不管它存不存在，今天一切的努力都是为了实现这个理想，这是信仰的力量。

在追寻终极理想的路上，也需要有阶段性成果的激励。这是理性层面，通过努力不断获得市场响应，遥远的微光不断照亮当下。这样在逼近目标的路上，理想光芒会变得越来越明亮。

最优秀的文化是信仰加理性，也就是理智和情感的结合。因为相信，所以看见。我不断验证它，看见了结果，我才相信。这就是文化在终极信仰和阶段性目标实现中间发挥的作用。

一个企业的文化如果能上升到信仰，那么，这将是一种无法被模仿的能力，别人拆不开，带不走，也学不会。

文化这个"因"还能产生一种规模经济效应。因为文化的最终产物是共同的认知系统、行为方式和心理契约。比如，阿里的共同认知系统就是阿里的使命，"让天下没有难做的生意"，还有坚持诚信等价值观。在商业决策和人事决策上，这个共同认知系统在切实发挥作用，影响行为。

总之，在文化的作用下，组织内部能形成共识，行为习惯和语境体系有同一性和一致性。这样即使一个组织从1000人变成10000人，依然能实现低成本管理，而不是还要一事一议，大费周章。这就是一家企业的核心竞争力。

在商业竞争中，一般是拼价格和拼服务，要么是短期的战术竞争，要么是长期的战略竞争。如果能先靠低价把竞争对手打败，让企业先活下来，也是一种战略竞争。如果为了多获客去拼价格，这就是一种战术竞争。但当市场需求萎缩或转移的时候，拼价格很难成功。不过，文化竞争既是战术竞争，也是战略竞争，两个层面都要比拼。所以，文化竞争是企业竞争的最高层次。

在理解文化是一个"因"上，还可以借助著名管理学教授丹尼尔·尼尔森（Daniel Nelson）的理论。通过对1500多家样本公司的研究，他发现，四大文化特征对组织的经营发展有重大影响。这四大特征分别是适应性、使命、参与性和一致性。

适应性与企业是否能感知市场变化，是否能顺应市场需求有关，体现了组织对外是否能保持灵活性。使命解决的是组织要去哪儿的问题，体现了对外的稳定性。参与性与团队授权、凝聚力，以及信守承诺有关，体现了组织对内的灵活性。一致性与员工的配合、协作效率有关，体现了组织对内的稳定性。这四个特征能帮助我们更好地思考在处理内部协作、外部市场关系时，组织文化所发挥的作用。

组织文化的形成与落地

文化是形而上的意识，一旦形成就会持久存在。要建立文化的根，就要回到文化是个"果"的角度去思考问题。

文化形成的基础和原则

文化的形成不但和创始人、创始团队有关，还和绝大多数普通员工相关。要形成某种文化，需要有两个基础。第一个基础是要让员工赚到钱，或者看到赚钱的希望。与创始人、高管不同，对大部分普通员工来说，工作是一种交易，交换的是自己的时间和精力。

一份工作最重要的是能养家糊口、让自己体面生活。因此，要想收获文化这个"果"，就要先让员工赚到钱，让员工觉得在这里工作有盼头，否则，文化就是无根之木。所以，企业的生意模式是否有毛利空间，决定了文化是否有群众基础。

第二个基础是文化是从业务中长出来的，并且不断向上生长。

创始团队的禀赋是公司发展的着力点，它慢慢演化成了产品，演化成了商业模式，也奠定了文化的DNA，这是可规划的角度。同时，文化的形成又是一个自然的过程，不是你喜欢狼性文化就可以定向形成"狼性文化"，而是要和自身的业务特色结合。

什么是从业务中长出来呢？在阿里，马云是大家长，他带领一群有情有义的人做一些有情有义的事，这是阿里文化的原始底色。同时，早期阿里的业务面向的是一些小老板，你照顾好他们，他们就会续费，并不那么在乎产品效果。很多优秀销售都会与客户建立深厚的情义，这种江湖文化有好也有坏。

不过，阿里的业务特质就适合这样的人，成功了就形成了这样的文化，不是数字化，也不是逻辑化，更多的是江湖化、家庭化、关系化。文化和创始人的禀赋息息相关，业务促进文化的形成，文化形成后也会促进业务不断成长，这是最有效的。

其实，一家企业不管重不重视文化建设，去不去做总结，最终都会在生产、研发、招聘、考核、淘汰人的过程中形成一种文化，区别就在于这个文化到底能起多大的作用，以及起何种作用。

如果不去规划，而是放任自流，形成的文化就和业务关系不大，和创始人、核心团队的禀赋、追求也没有多大关联，甚至员工也不怎么相信，那么组织战斗力也会平平，后续即使想对文化进行迭代也会非常困难。

这种企业在遇到周期性低谷和危机时，大概率会输给那些文化建设做得比较好的企业。因为企业遇到危机时更需要精细调整和本能反应，而不是论证，这些都需要管理层在平时下功夫。如果公司的文化不是从业务中长出来的，创始人最好要和核心骨干共创，再差一点的是和合伙人共同商讨，或者创始人定好再与他人共创，不能是拍脑袋想出来。

核心管理层要和创始人一样重视文化的建设。我进入阿里之前，蔡崇信面试我时问的第一个问题是，怎么看微软的文化和对阿里的文化有多少了解。我当时很吃惊，我从来没见过这样的CFO，这说明他也认为文化很重要。所以，好的文化需要创始人与核心骨干共创，然后推进落地。

此外，文化形成还要坚持两个基本原则。

第一个原则是先改变行为，再改变思想。

文化是一种思想、一种认知，只有少数人可以只通过逻辑分析、理解判断就愿意接受，同时按照文化的约束去改变行为。对大部分人来说，要靠考核才能产生行为改变，只靠讲道理、宣讲很难。当他们形成行为习惯时，对文化的认知才会深刻。所以形成文化，着力点是先改变行为，而不是一下子去改变思想。

第二个原则是软的事情硬着做，虚的事情实着做。

文化不仅是一套认知系统，还是一套行为体系。务虚的概念，要务实去做。比如，阿里的价值观中倡导的诚信、客户第一、拥抱变化等，看上去是概念，实际上背后都有具体的行为描述，以及通过考核产生的结果，这都是硬的制度。比如，对于遵从客户第一，客户服务手册就要写明客户投诉体系、退换货制度作为呼应，如果做不到，也要给相应的结果。

"实着做"很重要的一点就是考核，要注意的是制定考核规则时，一定要顺应人性。根据马斯洛需求层次理论，人一辈子的努力奋斗首先要满足生理需求，在这个基础之上再不断寻找安全感，找到社会归属，希望被尊重，最终实现自我价值。

在制定规则时，要尊重人发展的客观规律。比如，员工在这家企业能赚到钱，生理需求才能得到满足；这里有团队、有活动，很有趣好玩，其安全需求和社会需求才能满足；在这里还能不断学习成长，完成有挑战的工作，不断晋升，被人尊重，实现自我价值的需求就得到了满足。如果能做到这些，员工就会认为一家企业很有文化。

规则要顺应需求，但这不是说没有约束。相反，如果有的人行为触犯红线，他就要接受相应的处罚。处罚能反向刺激人的生理需求和安全需求，这有助于修正行为。

总之，文化的形成需要尊重人性，也需要制度去引导行为。

文化的形成步骤

文化是自然形成的"果"，这个"果"需要不断施肥浇水才能结出来，不是说种子种下了就自然能长大。要形成公司的新文化，可以分四大步骤。

第一步，创始人、核心团队要明示自己所坚持的商业价值观和组织价值观。这两个价值观更多出于创始人、创始团队本能的感性认知。它可能是几个维度或几条用语。比如对小米来说极致性价比很重要，这就影响了小米的产品选择、毛利空间、生态链布局，以及研发投入。这是商业价值观。阿里所提倡的"诚信""激情"是组织价值观。

第二步，讨论和确定价值观背后的行为表现特征，即提倡什么，反对什么。前文提到，改变人的思想很难，改变人的行为相对容易。确定了行为方向，有助于员工行为习惯的形成。

第三步，搜集能展现这些行为的榜样故事，表彰榜样，形成企业的价值观手册（即故事集）。更重要的是要在特定场合告诉大家，这样的行为是企业所鼓励的，从而激励更多人向榜样靠拢。

第四步，制定价值观的考核标准、制度体系，形成"文化手册"等。价值观是主观评价，当把它落成行为以后，它就向客观性前进一点。行为不能被量化，但可以被观察。能被观察的东西，就可以被评价。为了克服价值观考核的主观性，也需要先定义行为。比如，要想考核员工是否坚持客户第一，是否充满激情，或者是否足够敬业，这些本身很难量化，但如果前面功课做好了，把它们变成了行为，就可以观察员工是否有这样的行为，以及展现到什么程度，这样就可以慢慢量化。

价值观是文化的一部分，价值观的提炼有三个衡量指标。第一，能体现组织成员思考问题的方式，就是所谓的思想理念和观念认知方式；第二，能体现组织成员做事情的行为方式；第三，能体现客户感知到的行为方式和产生的结果。价值观如果能做到这三条，才有可能从口号变成行为准则。

文化落地的原则

提炼文化是为了能落地，能指导决策、影响行为。文化从文字到行为的落地过程，需要遵循两个基本原则。

第一，形而上的事，要形而下地做，初心、使命最终都要落在重大决策中，商业价值观落在日常业务中，组织价值观落在干部任用及架构设计中。

就像早年阿里云一直亏损，但是马云说"我支持，因为我们的使命是'让天下没有难做的生意'，云服务做好了，能降低小企业的成本，所以我们要坚持"。这是商业价值观对业务决策的影响。

组织价值观要落在干部任用及架构调整中。意思就是，你倡导的行为方式，对于你要用的人，要如何取舍他的能力业绩和行为？级别越高的人，任用时越要考核他组织价值观方面的行为与信仰。

文化落地的第二个原则是虚的事情实着做。比如，你希望员工遵循什么样的价值观，就要告诉他你要什么样的行为。你希望他固化这些行为，就要考核这些行为，同时对行为的考核一定要有结果，而且这个结果要跟他的名、利去挂钩。

在实践文化时，还要注意新人和老人的融合。新人对企业的价值观不那么熟悉，没有那么感同身受，一定会出现各种问题，创始人要及时提醒、引导，而不是一棍子打死。一些人还会伪装自己的行为，察言观色，看人下菜碟，这也要特别注意，以免让劣币驱逐良币。

接下来我们具体看一下阿里组织文化的形成和落地。

案例：阿里的价值观迭代

阿里从成立之初就很重视文化建设这件事，这不仅关乎一家企业的做事原则，更关乎它到底要走向何方。

马云很喜欢金庸的武侠小说，阿里的文化底色也就有了江湖气息，这从价值观的名字就能看出来。最早阿里的价值观叫"独孤九剑"，这九把剑分别是激情、创新、教学相长、开放、群策群力、专注、质量、客户第一、简易。听起来比较散，其实可以分为两大类，一类是创新向，一类是制度向。这里面比较有特色的表述是教学相长和群策群力。比如阿里的培训，会选择业务带头人上课，在队伍里锻炼人、培养人。"独孤九剑"从2000年一直实行到2004年。

我2004年加入阿里，在传承"独孤九剑"的基础上对它做了一些迭代，就形成了新的价值观体系，叫"六脉神剑"。这个迭代不是为了改而改，而是顺应业务变化的需求。当时，阿里在B2B业务基础上孵化了淘宝，也在筹建支付宝，业务发展很快。早期的"独孤九剑"需要更逻辑化、更体系化，才能覆盖更多业务形态。同时，业务发展很需要人，自己来不及培养，就要去外面找人，新组织里的人员构成就变得很复杂。"独孤九剑"也需要更有逻辑性，让新人更好理解。这就是"六脉神剑"产生的背景。

"六脉神剑"的底层逻辑一共分三个层级：第一层，员工应该具备"诚信""激情""敬业"三种底层素质；第二层，个体和外部的互动原则要坚持"团队合作"和"拥抱变化"；第三层，面对利益冲突时要坚持"客户第一"的思考顺序。

"新六脉神剑"在"六脉神剑"基础之上又有扬弃。比如"客户第一"细化为"客户第一、员工第二、股东第三"；"拥抱变化"改为"唯一不变的是变化"；"激情"改为"此时此刻，非我莫属"；"今天最好的表现是明天最低的要求"本来是"激情"的考核标准,这些都是传承。"敬业"丰富为"认真生活,快乐工作";"因为信任,所以简单"也有简单正直的意味。

其实,从"独孤九剑"改为"六脉神剑",再到"新六脉神剑",文字表述在变,本质没有变。当价值观确定之后,要保持相对稳定,如果不是业务和组织出现特别大的变动,最好坚持五年以上再改。"六脉神剑"从2004年开始执行,一直到2019年马云辞去阿里董事局主席,用了十五年。

我们在提炼自己企业价值观的时候,可以用通行的、流行的词语,不过,也要注入企业的特色。比如"拥抱变化"是马云特别希望加进去的。他坚持认为,这个公司如果不变,就不叫阿里巴巴。我当时觉得"拥抱变化"这个词很土,不过现在回头看,这是这家公司不断发展很重要的基因。

什么是"拥抱变化"呢?举个极端的例子,阿里在杭州有个滨江园区,园区大门里面有个山包,种上了树,每次进园区就能看到。其实,看习惯了也没什么不好。但是,马云就说,正是因为习惯了,所以要变一变。他就想把这里变成一座玻璃房子,可能玻璃房子还不如原来的树好看,但是变化这个行为传递的信号非常重要,这就是他的思想和理念。

在定组织的使命、愿景、价值观这些底层文化时,创始人要从自己的本心本性出发去思考,去拍板,这样底层文化在实践过程中才有可能被坚持下去。

我们再来看阿里的使命。

从创立到今天，阿里"让天下没有难做的生意"的使命一直没有变过。中间有过插曲，比如提出要"建立新商业文明"，只提了一年多，最后又改回来了。一个企业的使命最好不要轻易变动，这体现了一家公司的定力。

阿里的愿景中途变过几次。早期它希望能成为全球十大网站之一，也提过要做数据分享第一平台，还想要做最具幸福感的公司。到 2019 年，阿里的愿景是"要成为一家活 102 年的企业，到 2036 年，服务全球 20 亿消费者，创造 1 亿就业机会，帮 1000 家中小企业盈利"。愿景是里程碑，如果达成了阶段性里程碑，可以用更具挑战性的里程碑牵引公司前进。

不过，愿景即使能变动也不能太频繁，周期大约是五年。在设立愿景的时候，最好用一个数字性目标加上一个期待性目标，这样就可以衡量愿景是否实现了。

总之，一家企业要么不设定自己的愿景、使命、价值观，一旦设定并形成文字，就要谨慎调整。我看到不止一家公司，一两年就调整一下，也有一类公司总结不出自己的使命、愿景、价值观，或者找咨询公司去做，这些都不利于沉淀符合这家公司基因的文化。

我的建议是，第一，千万不要拿一些流行词语当作企业文化，即使听起来很好听，员工的内心也不会有回应。第二，不要学最佳实践。第三，不要请咨询公司帮你去创建企业文化。这里要注意的特殊情况是，当一家企业自己有了一定的价值观和考核理念，但是内部团队不足够有能力去落地时，可以引入一些专业服务，这可能会更有效。

价值观靠考核去落地

很多人问我，价值观这么主观的东西怎么考核？其实，大家都是笨鸟先飞，没有捷径。阿里的"六脉神剑"价值观中的每一条标准，都有相应的行为描述和评分等级。从 2004 年到 2009 年，阿里一直以这个标准对干部进行考核。这些行为是可观察的依据，也让员工更好地理解抽象的价值观。

比如要给一个人的"敬业"程度打分，如果他能做到上班时间只做与工作有关的事，没有因为失职造成重复错误，就得 1 分。如果他能遵循流程但不拘泥于流程，化繁为简，用较小投入获得较大成果，就能得 5 分。

每一种分值，对应的行为标准都不同，次序明确。

比如，在衡量一个人是不是能够"拥抱变化"时，能做到适应公司的日常变化、不抱怨，就得 1 分。如果面对变化，他能理性对待，充分沟通，诚意配合、就可以得 2 分。如果这个变化对他造成了影响，但是他能自我调整，并且正面影响、带动同事，那就更厉害了，可以得 3 分。如果他可以在应对变化的过程中建立新方法、新思路，就能得 4 分。得最高分 5 分的，是不但能接受变化，还能创造变化，实现业绩突破性提高的人。每进一级，都是对个人能力的考验。

我们知道阿里有个"政委"体系，各级"政委"在进行业绩评价和日常工作时，都会听到、看到很多员工的真实案例，就可以把这些案例汇集成数据库。于是，阿里花大量的时间和精力建立了这样一个行为数据库。比如你想给一个人的"激情"程度打1分，在这个数据库里你能看到过去得1分的人是什么表现。

我到阿里的时候，"独孤九剑"只考核员工和M4级别以下的干部，高层干部压根不考核，2004年以后开始全员考核。如果创业公司确立了价值观，我强烈建议要先考核一定级别以上的干部，实行半年、一年以后，全体员工有了接受度和认知度，公司在考核上也越来越有经验，就慢慢推广到全员考核。

前文我们讲过，阿里的考核是业绩和价值观权重各占一半。这个标准是我进入阿里时就有的，我当时还有过质疑。因为无论如何去量化、去观察，我们都要承认，价值观的评价相对主观。一个商业公司，和业绩贡献相比，员工的日常行为表现不应该占这么大比重。我曾经希望把价值观的权重调整到40%或者30%。不过，拉扯了一段时间，我发现，原来的做法是有道理的。这是一种对价值观重视的态度，也是一种决心的体现。

价值观到底是如何打分的？一般是员工先自评，然后领导打分，考核结果怎么划档，会有一定变化。

2004年起，评分等级是按照优秀、良好、合格、不合格来划分，到2007年改为5分制。分配比例起初按照"271"，后续改为"361"。合格基准线是3.5分，说明结果符合预期，这个比例要占到60%，3.25分说明需要提高，低于3分就是不合格。在一个考核周期里，拿到3.25分及以下的人，下一个考核周期必须达到3.5，否则就会被淘汰，这个比例要占到10%。

如果超过3.5分，达到3.75分说明部分超过预期，4分是持续超出预期，5分就是杰出了。3.75分及以上人员的占比是30%。

在我管理阿里组织工作的时期，大概只有10%的员工能在绩效考核中拿到4分。拿到4分不仅意味着你在工作上要付出12分的努力，还代表你要有很高的情商，并且能切实解决重要难题。一个人如果在阿里能拿到一次5分，是可以吹一辈子牛的。

值得注意的是，这个考核实行通关制。也就是说，如果1分标准下的行为你没有做到，即使你说你做到了2分，也是不可能通过的。这些考核标准用的都是笨办法，但是为了训练定型，形成肌肉记忆，只能这么"僵化"。

到了2010年，考核采用三档标准。A档说明你能超越自我，对团队有影响，能和组织融为一体，被广泛好评，这种属于标杆。B档说明你的言行表现符合阿里巴巴价值观要求，整体来看是一个合格的阿里人。C档说明你缺乏基本的素质、达不到要求，跌破价值底线，要根据程度不同改进或离开。如果连续两个考核周期你都在C档，那么你铁定要被淘汰。

在一定时间段，阿里采用行为底线来考核。这个底线的意思就是，只要你不违反底线，至少不会拿0分或者拿C。如果价值观考核不及格会产生什么后果呢？最直接的影响就是，即使你业绩再好，也是"双零"，就是没有奖金，工资也不会涨，甚至丢掉工作。

所有考核评价的依据一定要有时间、有地点、有事件、有评论，而不是拍拍脑袋就决定一个人的价值观是否合格。平时工作的细节也很重要，为了保证考核评价的公正性，阿里采用的是"1over1+HR"的反馈模式，也就是反馈考核结果的时候，上级领导、直属领导、HR要同时在场。在做业绩评级时更常用这种形式，通过越级检查的方式保证结果更中立，毕竟有上级领导在。

整体来看，价值观考核是一项投入非常大的工程。前期的规则标准要理清楚，实际考核中也耗时耗力。要么不考核，要考核就认真对待。

组织文化的迭代与变革

文化是企业的首要资产，如今的市场变化飞快，很多企业都想着"求变"，那在求变的过程中是否要迭代与变革文化？对此，不同的公司持不同的看法。

为何文化要迭代变革？

根据美国兰德公司、麦肯锡公司等权威机构的调查数据，凡是重视文化迭代的企业，收入、人效和在资本市场的表现，远远超越不重视文化迭代的公司。

公司要成长，必须变革，相对应的，文化一定要迭代。过去20年来，阿里在以不同的业务为主导的阶段，稳定传承的是价值观，相对稳定传承的是使命、愿景，同时各个业务形态都有自己特定的文化。

底层逻辑要从企业发展的三个阶段说起。

第一阶段为初创生存期，这时一定要坚持自我学习。第二阶段为快速发展期，这一阶段主要是自由竞争，胜者为王，组织从大浪淘沙、生死由命发展到开始体系化、制度化，文化的特征是创新的传承。第三阶段是稳定成熟期，这一阶段文化一定会发生变迁与变革，因为组织要升级，数字化技术带来的不确定性，无边界组织的产生，以及企业本身的多元化，比如变成控股型公司等，都要求文化的复杂性。

阿里在以B2B业务为核心的销售服务时期，采用的是"铁军文化"。到了toC业务淘宝发展起来，开始实行"倒立文化"，这就是为了适应新的商业模式。支付宝主张"因为信任，所以简单"，形成了"裸奔文化"。不同业务板块的文化特点不同，不过，阿里集团的底层文化是统一的，就是企业的使命、愿景、价值观。

从阿里的文化迭代可以看到，文化的形成需要时间做功，要根据商业模式和组织模式所处的阶段去变化。建立文化很难，要迭代就更难。但不能因为难就不做，否则核心竞争力会变成核心障碍。

文化变革四部曲

在文化迭代过程中，新文化要落地主要面临三大阻力。

第一个阻力是习惯力，这种惯性既有思维上的，也有行为上的。老人对新文化很抗拒，也就是不理解、不接受、不相信。不理解是因为存在信息不对称，不接受是不明白变革对自己意味着什么，不相信是内心恐惧、不安，不信任领导者。

第二个阻力是渗透力。企业文化要渗透到经营管理的全过程，要做到这一点很难。如果在各种场景下，没有坚持"一把尺子"，那么文化主张就会流于形式。

第三个阻力是影响力。文化要对内部员工和外部市场有强大而持久的影响力。这里既有对内的，也有对外的。

如何打破这三大阻力，推动文化变革的落地呢？从下面四项逐步推进，相对容易取得成功。

第一，松土阶段。对于已经养成文化习惯的"老人"，要改变他们，需要循序渐进，先松一松土，保证新的文化有落地的空间。比如淘宝在起步阶段，选用的是阿里铁军里对新文化、新事物接受程度比较高的人。随着淘宝逐渐变大，干部不仅从"铁军"里选，更是完全放开，甚至在制度上开始清理一些过于"怀旧"的人，因为有些人是味道最纯正的一批"铁军"，他们在高级总监位置坐了七八年，面对淘宝的成长一直抱怨"阿里的味道变了"。在松土阶段，要让这些永远怀旧不能往前看的人离开。

第二，认知阶段。要让员工认识到新价值观的重要性，他们可能还不能马上做到，但是会有生存焦虑。因为如果不改变，有可能被淘汰。这意味着要建立新文化，不单单靠宣导，更重要的是开始在奖惩制度上释放强烈的信号。这个时候要广泛宣讲新文化变在哪儿，对个人到底意味着什么，得失是什么。同时在宣讲之外，需要制度的明晰和落地。

其实，松土阶段的一些动作已经释放了变革信号，到了认知阶段，要让这个信号更清晰、更明确，为了支撑新业务、新市场、新用户群体，只守住老一套是不行的。

在很长一段时间，阿里一直是在"杀野狗"，容忍"小白兔"。但是，到了2013年左右，阿里开始了"清理白兔运动"。当时，阿里集团的业务变得越来越复杂，支付宝变成了蚂蚁金服，阿里云也开始发展，这个时候企业需要非凡人，"小白兔"不再适用。

第三，尝试阶段。员工开始接受新价值理念，认为企业的价值理念是值得信仰的，对部分员工来说，可能需要痛苦的转换过程，这一过程伴随着学习焦虑。

第四，习惯阶段。绝大多数人到这个时候已经开始自然、无意识地按照新的价值观做事，制度约定已深入内心，形成心理契约。

新文化落地要想做到常态化，很重要的一点就是不断去做宣讲沟通。比如，早年进入阿里的新人，上的第一堂课叫"百年阿里"，一般是马云去讲。他会讲自己为什么要创立阿里，什么对他重要，什么对阿里重要，阿里的使命、愿景、价值观是什么，阿里的文化是什么样的……上千人的新员工培训、百人以上的干部培训，每年都要进行几次，我也会亲自参与。文化要真正落地就是要宣讲、要培训，这样才能入心。

新文化的常态化还需要一定的仪式，包括不断树立品牌形象，不断宣导文化故事，不断树立英雄榜样，不断营造内部氛围，不断推进文化活动等。

比如，每年5月10日的"阿里日"会邀请员工家属到阿里参观，马云也会发表演讲，告诉大家阿里今天做了什么，业绩到底怎么样，为什么会做这些事，为什么我们会成长，还有什么问题……这些都是情感联结的方式，让员工甚至其家属对企业都更有归属感、亲近感。前面说到阿里还会举办集体婚礼，也是为了打造文化。

总之，文化最终落地是一个循环系统，在松土阶段进行理念导入；在认知阶段，通过建平台、广参与、树旗帜、强培训，让员工知晓新文化要迭代了；在尝试阶段，通过初步形成制度、领导身体力行和仪式活动传播等，让员工对新文化产生信任；到习惯阶段，通过制度常态推行、领导行为转变和故事持续传播，让员工养成自发的行为习惯。

文化迭代，创始人要身体力行

新文化落地是一个松土、认知、尝试、习惯的循环系统。这里面的步骤，最好都有创始人身体力行参与。领导研究与变革管理者约翰·科特的研究表明，成功的组织变革有70%~90%是领导推动的结果，还有10%~30%是管理部分的努力。

组织变革失败往往是由于高层管理部分操作不规范，犯了许多错误。科特为此提出指导组织变革规范发展的八个步骤，如图8-1所示，供大家参考。

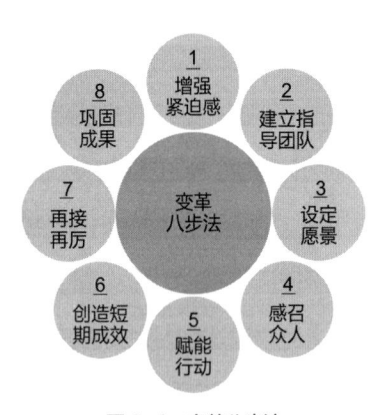

图8-1 变革八步法

（1 增强紧迫感；2 建立指导团队；3 设定愿景；4 感召众人；5 赋能行动；6 创造短期成效；7 再接再厉；8 巩固成果）

文化落地其实和任何一个新制度落地一样，总需要一个让人接受，不断内化，然后体现在行为上的过程。不能图简单，也不要急躁。文化迭代要有传承，也要有创新，要根据企业新的战略方向去做适应性变化。

如果新文化落地后，基层能有50%~60%的人都很支持，核心层支持比例达到80%，最核心的人员100%支持，说明这次迭代大体成功了。

层级越高，对新文化认可率要越高，到最高决策层，就要全部认可。如果决策层中有不同意见，往下落地的过程就容易出现不同的声音。

在一些大的事件节点，创始人一定要亲自参与。比如在阿里，马云要参加每年的战略会、人才盘点。春节前，马云会发一封《告群体员工书》。这封信会非常务实、坦诚地谈公司的业绩、奖金薪酬分配的大原则，还会解释为什么有些部门没有奖金。这些重要节点对文化的形成和建立至关重要。

特别是当企业出现危机时，只有创始人身体力行才有可能力挽狂澜。因为业务危机伴随着文化危机，创始人在文化迭代中发挥着至关重要的作用。星巴克的创始人舒尔茨两度解救公司于危难的经历，很能说明这一点。

2007年，在美国次贷危机的影响下，全球爆发金融危机。成立36年的星巴克也身处内忧外患之中。由于发展策略出现偏差、竞争激烈，再加上宏观经济下滑，星巴克的零售端表现不及市场预期，两年内股价持续下跌。

2008年，星巴克董事会把离开经营层八年之久的创始人舒尔茨请回来。临危受命的舒尔茨重新担任首席执行官，在战略层面推动了很多重大变革。其中在文化变革上，他提出要找回星巴克的灵魂，坚持为顾客提供最优质的咖啡和服务，营造独特的星巴克体验，并在此基础上提出要回归"第三空间"的品牌概念。

舒尔茨采取了很多动作，比如关闭 70% 的新增门店，撤下所有早餐三明治，不再公布同店销售业绩，等等。曾经星巴克被资本市场左右，大肆扩张门店，但干部队伍没有准备好，经营能力下降，"第三空间"的味道没有了，变成一个不断卖咖啡、卖早餐的商店。一旦用户体验下降，营收也跟着下降，最终，在内外冲击下公司会出现危机。

舒尔茨重回管理层，不断和员工进行沟通，先通过宣传松土，然后探索新模式。文化的变革要落在核心管理团队的调整、产品与营销的调整上，而不是为了迭代文化而去迭代。舒尔茨通过不断调整团队、产品线、服务用户的方式，以及内部沟通，重塑了组织信心，最后业务也实现了增长。2018 年，星巴克的市值从他接手时的两三亿美元增长到了八九百亿美元，舒尔茨再次离职。

后续几年，在星巴克的第二大市场中国，本土咖啡品牌和新茶饮品牌纷纷崛起，对星巴克的市场进行降维打击。2022 年 4 月，年近古稀的舒尔茨再度出山，重任 CEO。这种责无旁贷、舍我其谁的创始人担当令人钦佩。舒尔茨的领导力已经沉淀为星巴克文化的一部分，和"将心注入"一样，成为星巴克的文化底蕴。新对手的不断涌现，反倒磨砺了星巴克的文化，让它更有战斗力。

/ 第九章 /
创始人的领导力修炼

领导力始于权力，终于影响力

前文我们一直谈组织，但其实组织本身的形成需要创始人在逻辑与理性的层面厘清战略，然后战略模式决定组织模式。从战略开始，这个组织到底好不好、强不强，能不能在竞争中具备优势、比竞争对手快一点，以及在战斗力方面到底能够达到什么程度，都是创始人的领导力问题。领导力是组织发展中的另外一个具有杠杆作用的力量。

什么是领导力？

什么是领导力？美国有一位叫科林·鲍威尔（Colin Powell）的将军说，领导力是一门艺术，"这门艺术能够取得比管理这门科学更好的结果"。也就是说，创始人如果有很好的领导力，可以使组织取得超预期的结果。比如，根据专业的市场分析，按照历史经验，正常情况下可以达到4000万元营业额的企业，如果在一个有领导力的人带领下，最终可能达成6000万元的营业额。

在科林·鲍威尔的眼里，领导力是一个杠杆。在领导力的作用下，团队可以超越数字和逻辑告诉你可以取得的成绩，团队原有的战斗力可以放大，因为领导力可以激发人内心的力量。

领导力不是什么？清华经管学院领导力研究中心主任杨斌认为："领导力，不是职位，不是命令链条，不是功绩，不是炫目浩荡……它是一个或一些人，让人更是人，让组织更向上，让社会更向前,让这些变化更有机地发生的实践。"领导力绝对不是上下级的二元结构,领导力是让人、让组织更好的东西。

我认为创始人有领导力的一个重要角度是带领个人达到作为个体永远达不到的高度,或到达去不了的地方,人生目标也好,财务目标也好。如果你能这样一步一步走下去,那就是有领导力。

其实,有没有领导力不是创始人自己认为的,而是要从追随者角度来看。主要分为以下三种情况。

- 傻的领导力:创始人认为自己有,追随者认为没有;
- 好的领导力:创始人认为自己有,追随者也认为有;
- 牛的领导力:创始人认为自己没有,追随者认为有。

所以,别人认为你有,你才会有,这是领导力的特点。那怎么才算是有领导力呢?比较有逻辑地讲,领导力是创始人通过对资源的获取、整合实现的增值。

领导力达成结果,是因为你对时间、物料等等投入并进行了整合,让资源增值了。如果你前期投入的资源最终没有实现增值或者实现增值的速度比竞争对手慢,那说明你没有领导力或者你的领导力还不够。

在使用资源的过程中,物理性的东西比较确定,比如一个机器设备,只要充上电,按下按钮它就动起来。相比之下,一个重要的非物理性资源——人力资源——是世界上最不确定的"东西"。比如,在同样的假设条件下,同一个人,同样支付10000元工资,这个月可能产出12000元,下个月可能只产出8000元。所以人是在领导力发展过程中最具不确定性的因素。

不确定性是指什么?其实,所有的事情确定了企业发展就变成线性的了,就不会存在跳跃式的改变。组织之间的区别就是领导力在人力资源方面发挥作用的不确定性。有的人愿意跟着你"996",有的人却老是跟你对着干,因此变化是积极的还是消极的,是领导力里最难处理的因素。

从最基本的角度看,工资是员工在市场经济竞争中自我价值的体现,但不要以为支付工资了,员工就应该好好干活,因为在开放的市场竞争中,有人愿意出更高的工资换取的员工自我价值。

希望有接班人,希望团队有凝聚力、有文化味道,这都需要时间的沉淀,而这种沉淀需要一种稳定。这里的稳定是指什么?就是有一批即使被高薪挖还决定留下来的员工,这样的人更值得关注。

作为创始人,你要有胸怀,要乐观地期待你的中高层团队在市场上常常有猎头公司来找,因为这说明你的领导力还可以,也是你的领导力在员工层面的价值体现。

依我的经验,对内,有领导力的体现是,员工在你的领导之下有增值,他在市场中的稀缺性在增加,以至于很多买家想挖他,他不去就证明你有比较强的领导力。

对外,有领导力的体现是,假如市场中稀缺的资源主动找你,给你推荐候选人,在几个买家一同竞标时,即使你出价不是最高的,但你也能"中标"。你能以市场均价获取稀缺性的资源,这就是领导力对外的体现。

权力与影响力

领导力离不开权力和影响力这两个维度。

"权力"是法理权,带有强制性,所有人必须遵从。你创立了一个公司,搭建了一个团队,你自然而然成了这个公司的老大。这是权力。权力是领导力的基础。如果权力在法理性上有欠缺,那么领导力是有问题、有瑕疵的。

"影响力"特指别人是否愿意跟随。如果一个所谓的领导没有人愿意跟随,那么就只是他自己认为自己是领导。所谓领导,本质上是一种关系,这个关系是多元的。

权力是外生的,是别人赋予的;影响力是内生的,需要通过自己的能力获取。

如果领导只有权力,没有影响力,团队和领导没有内生的关联,那么当领导从领导岗位上退下来后,也就没有人理他了,这就是我们说的"人走茶凉"。真正有效的领导力,最根本的问题其实是影响力的问题,影响力的最底层是品德和理想,有了这些别人才会自愿地追随你。

所以在权力的基础上,领导要学会慢慢回避用法理权来管理团队，而是用影响力不断地降低决策的阻力，通过品德示范和理想感召，让大家自愿地跟随，这才叫作真正的领导力。

所以，真正的领导力发展对于商业组织而言是一种过程，始于权力，终于影响力。

领导力的五个级别

一位美国学者将领导力分为了以下五个级别，见图9-1。

- **一级**
  - 个人能力：个人运用聪明才智，为组织创造价值
- **二级**
  - 团队技能：与其他成员合作，创造价值
- **三级**
  - 团队能力：组织他人为共同目标而努力工作
- **四级**
  - 组织能力：以愿景和使命感召、激励个人和团队，取得非同凡响的成就
- **五级**
  - 超越个人和存在的对事业的忠诚，能够使个人需求和私利服从组织需要，优秀的团队追随左右，完成卓越的使命

图9-1 五级领导力

在他的研究中，拥有顶级领导力的人绝大部分在第四级。也就是说，一个能带领组织取得商业上的成功的领导，领导力大体上在第四级。第四级表明他对事业有极大的热情，有使命，有愿景，能够鼓舞、影响他人达成那个最终目标。

只有极少数的人可以越过第四级达到第五级，能够超越以愿景、使命、价值观激励团队取得非凡成就，达到超越个体。

我们中国人说"放掉我执",也就是没有执念,自己创业的这件事本身能够放下来,跟我们常说的"无我"是一样的,超越个人的存在对事业忠诚。

每个人成功的路径在这几级里都会有体现。有家上市公司的创始人,我觉得他的领导力大概停在第一级,典型特征是他觉得所有人都不行,就他最行。行到什么程度?上市的时候,看不上投行和普华永道的审计、招股书,非要亲自写,写完后没有做任何修订,虽然最后上市很成功。他现在在做第三家公司,我把领导力的五个分级给他看了一下,问:"你停在第几级?"他答道:"我可能停在第五级。"我说:"你可能停在第一级。"

这个层级跟一个人今天拥有多少身家,拥有几家上市公司没有关系,和公司发展的阶段也没有必然的关系。

管理力和领导力

管理力与领导力是两个比较容易混淆的概念。如图9-2所示,管理是为了解决效率和稳定问题,领导力是用于解决变化和成长的。长时间的稳定和长时间的变化都不是企业需要的,所以两者是相辅相成的关系。

在公司稳定成长期,管理大过领导,稳定、效率、人均产出、资产周转率都是典型的管理指标,一定要让公司在稳定成长期越来越好,一步步爬到顶峰。爬坡过程中,在管理、流程、制度、数字化等基础建设中，公司会有一批好的管理型干部成长起来。等到业务慢慢爬到了顶峰，增长曲线变得平缓的时候，就需要领导力发挥作用，打破原来的一些框架，或者孵化一些新的业务。

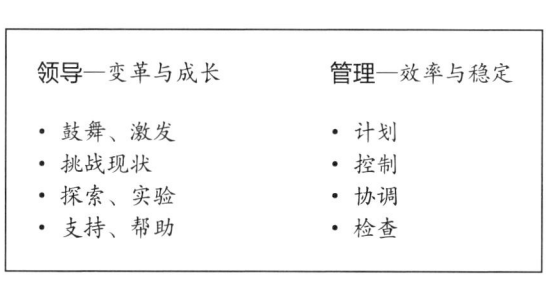

```
领导—变革与成长        管理—效率与稳定

• 鼓舞、激发           • 计划
• 挑战现状             • 控制
• 探索、实验           • 协调
• 支持、帮助           • 检查
```

图 9-2　领导力与管理力的比较

还有很多人说，领导是做正确的事，管理是正确地做事，这句话我们在不同的场合都可以听到。但我觉得现实情况可能比这句话复杂一些，因为其实企业在从小到大的过程中，是需要创始人在领导和管理之间游走的，从"没有"到"有"的过程中，领导力很重要，从"有"到"强大"，管理力很重要，强大之后企业如何生长，领导力又很重要。

创始人要明白，在不同的时候，侧重点会有不同，最重要的是在合适的时间采取合适的措施，没有谁比谁更先进、更有效一说。

对大多数创始人而言，应该是领导力大过于管理力，对于高级职业经理人，大多数是管理力大过领导力。因此，顶尖的职业经理人在企业爬坡期更有发挥空间，比如提升人效、加速资金周转、提升销量等，这是职业经理人最能发挥作用的阶段。而早于这个阶段，或者迈过这个阶段，创始人的重要性又会突显，因为生长比稳定更难，破坏比建设更难。破坏是有成本的，破坏了之后，公司业绩会迅速发生波动，团队内部会产生质疑，这个时候只有创始人才能兜底。但对于领导力和管理力，我建议大家不要将其对立。

情境型领导力与关系型领导力

众所周知，领导力会对组织产生巨大的影响，因此各国的学者都对领导力进行了大量的研究。在这些研究中，领导力大致分为情境型与关系型两类。

情境型领导力

所谓情境型领导力，就是指在业务发展的不同阶段、不同状况采取不同的领导办法，也就是采用不同类型的领导力风格。

第一种，叫命令型领导力（Telling Leadership）。对于一件事的解决方案，不需要过多的讨论与构思，领导告诉下属怎么干，下属就怎么干。这种情况主要发生在团队比较新、组员还不成熟的情况下，领导一个人说了算。

第二种，团队比较成熟的情况下的领导力叫作引导型领导力（Selling Leadership）。这种情况下，领导不能命令式地部署工作，而是要告诉团队为什么这么做、怎么做、这样做会带来哪些好处，以及这么做的意义是什么。

第三种，叫作参与型领导力（Participating Leadership）。当团队已经到了比较稳定的阶段，团队在战略的思考力和落地执行力上都比较成熟的时候，领导又要发挥参与式领导力。在这个团队里大家是比较平等的，团队中的每个人都有自己的思考、逻辑和资源，这种情况下领导者要把空间给到团队，让团队成员多发挥、多主导。

第四种，叫作授权型领导力（Delegating Leadership）。此阶段，领导把事情交代下去，具体怎么组织、怎么运营他不操心，只看结果。

以阿里的实践为例。早期阿里要获取用户，领导者就进行命令型领导。等到拥有一定的销售额，阿里开始卖会员之外的广告，领导者就会告诉团队为什么要这么做，进行引导型领导。再后来阿里要改善人效，具体怎么改善领导层不先拍板决定，而是让大家讨论，这就是参与型领导。到最后，比如领导层定下目标企业今年要完成10亿元的GMV和2亿元营收，这就需要员工拿出自己的方案，领导也不再管具体怎么运营，这是授权型领导。

但在具体执行中，不同团队的情况不一样。比如有些团队业务上已经跨过早期，领导可以往引导型领导力走，但此时团队还不成熟，就还要经历一个命令型的阶段。所以具体情况还要领导自己感知，包括发展的阶段和团队的状况，从而采取不同的领导方式。

关系型领导力

关系型领导力又包括两种——交易型领导力（Transaction Leadership）和变革型领导力（Transformation Leadership）。

交易型领导力的关键词是合同、约定、目标。公司给一定的资源，员工就要给相应的产出，完成得好，有奖金，完成不好，受处罚。大家工作归工作、感情归感情。这是过去两百年来，工业化时代的管理典型，它体现在绩效考核、个体竞争、淘汰等方面。交易指的就是雇佣双方的资源交换。鼓励个体竞争、强排名、强考核、高激励，工业时代最典型的领导力几乎都是如此。

但这样的实践也会遇到一些问题，当内部组织变成一种商业型的谈判，效率也会变低，为了应对这种情况，针对变革型领导力的研究出现了。

变革型领导力在交易型的基础上更强调如何在僵化的交易型管理上带来新的组织效能。这里的变革主要指通过个体化的言行去感召别人，强调的是激发团队的内驱力以及对智力的激发，换言之，除了和雇员做交易，组织还要帮助他们成长，给他们更难的业务，让他们从事不熟悉的工作。

领导者需要通过观察一个人的能量和兴趣，给他匹配更有挑战性的工作，在这种管理中，领导者需要更多地看到"人"的因素。你喜欢这个，那我就多给你一点机会去做这个事情，再来看你的进步和失败，这就是所谓的新型领导力。

1970年，罗伯特·格林利夫在《服务型领导者》一书中提出服务型领导力（Servant Leadership）的概念。他认为，过去的领导力太强调上下和层级，但其实好的领导力应该是服务型的，越是领导，越是应该服务好别人，让别人更好，这其实也是变革型领导力中的一种。

这种领导力变迁趋势背后，其实体现的是生产力来源的变化。今天更多的价值创造需要知识工作者的创意，而不是流水线上的工人，过去对工人的需要，已经变成了对知识型工作者的需要，因此，个体价值和个体激发已经成为当代领导力研究的最大课题。在个体价值时代，领导者的任务是给到一个宽泛的边界，由员工内驱地去产生新的产品和服务，而不是指挥和命令式的传统领导方法，所以越来越多的情况正在出现，未来对领导力的定义和要求也在一路丰富着，这是组织形态上出现扁平、网状等去中心化的原因。

不同级别的领导，所要关注的领导力类型是不一样的。企业的执行层和规划层下半层的人应该学习交易型领导力，因为他们需要日常运营。对于规划层的中高层，要具备交易型领导力和变革型领导力，核心层要考虑服务型领导力，领导力要匹配层次和责任，也要跟上企业和社会发展的变化。

在创始人层面，领导力要解决四个问题——整体公司的注意力、公司的意义、公司内部协作背后的信任，以及自我管理。这些可以通过使命、愿景、价值观进行管理。

领导力是如何炼成的

有效领导力的基础有三个——性格、品格、能力。

前文提到，真正的领导力始于权力，终于影响力，影响力的基础其实就是这三方面的因素。

性格："成就欲"与"兜底欲"

今天很多人的成功是极其偶然的，只是跑着跑着把偶然当成了必然，但是他们并没有打下让自己的成功成为必然的基础。

让成功成为必然的基础是品格加能力，底层的部分是野心，也就是成就欲。就像任正非做交换机代理的时候，最初的目标是为中国的电信行业提供设备和服务。那时候前有思科，后有北电网络、诺基亚、爱立信，随便哪一个部门都能碾压他，而支持任正非走下去的就是成就欲。但不是说有成就欲就一定能有成就，而是说有成就欲的时候，有较大概率吸引到合适的资源，这是成就欲推动梦想实现的重要原因。这体现了一个人有多大的梦、多大的格局，需要具备洞见、韧性、坚韧、意志力。得过且过、躺平这件事本身没错，但如果这么想就不要谈领导力这件事。

领导力性格的另外一部分是"兜底欲"。兜底是什么意思？一个人有洞见，但这里面存在很多假设和判断，不一定是正确的，其中存在一定风险，愿不愿意去赌一下？对风险的承受能力就是兜底的胸怀。

回到现实中间看，拥有"成就欲"与"兜底欲"的人，性格乐观的大概率比悲观的多。因为悲观的人总是有很多判断假设，在漫长的旅程中，有沟有坎、有反复，无法说有什么了不起、肯定行，悲观的人总是有太多的顾虑。所以有些人能成为领导，最简单、最朴素的原因是他的个性更倾向于乐观——什么事都不是事，没什么大不了的，余生还长。

成为领导必须有很大的野心，以及对于风险的高耐受力。不过没有人总能单枪匹马跨越成就欲与资源之间的巨大鸿沟，也无法始终为这一鸿沟带来的巨大的不确定性兜底，尤其是在组织越来越大的时候，要让成功从偶然变成必然，合伙人、团队会越来越重要。所以，你需要早点度过那个最早的靠一个人的成就欲和兜底欲的发展阶段，尽快找到合伙人。这个合伙人不是名义上的，而是组织内部能够帮你跨越鸿沟并愿意兜底的人，就像马云找到蔡崇信。

品格与能力

在过去几十年对于领袖的相关研究成果中,对于他们品格的表述有很多因素在变化,唯一没有变的是正直和诚实的品格特征。言行一致,才能获取别人的信任。

我见到过的一些创业者,大部分败在了当时承诺的东西没有兑现。由于业务发展越来越好,承诺的回报本来价值为1,现在变成价值100了,他们就舍不得分了。这对领导力来说是致命性的破坏,因为顶尖的人不会愿意跟着这样的人。即使代价再大,或者某个人好像不值得领导付出这么多的代价,但"一言既出,驷马难追",你咬着牙也要兑现承诺。正直、诚实不是一个单纯的品格概念,而是你遇到重大利益冲突和决策的时候,选择怎样去决策的行动依据,平时的小利益考验不了这些东西。

品格的另外一方面是得洞察别人,拥有同理心让别人愿意跟着你。要保持始终做到拥有同理心和言出必践,必须有更大的胸怀。不过,只品格好还不够,有效领导力还要求一个人拥有能力。领导力层级越高,就越多地体现在洞察力、哲思力、专注力、跟随力上。

洞察力指的是对这个行业变迁的判断,新的玩家、新的对手的出现以及目标受众的变化,这些洞察支持领导者在资源决策上专注和敢于冒险。

领导力层级越高,在时间维度上就更长,空间维度上也更复杂。这就需要退一步从哲学的角度看待它，这就是所谓的哲思力。在更大的维度处理纷繁复杂的事情，"空""无"这类哲学的概念非常有帮助。其实在我的眼里，有些企业家有点像哲学家，比如乔布斯和马斯克。

专注力指的是要克制自己，不被各种状况诱惑。不被外部的机会诱惑，不分散决策资源，持续地聚焦和专注。成功的道路上也需要耐心。耐心不是浅尝辄止，尤其在人跟组织的发展上。要等这个过了一年、两年依然平缓、没有变化的曲线，到第三年也许会出现一个指数型拐点。创始人绝大部分在保持耐心上是有欠缺的，这是为什么我说很多人的成功是偶然的。要让成功成为必然，创始人得有足够的耐心。

领导者一定要有跟随力，这是权力和影响力转换的开始。要想用影响力来代替法理性外在权力，就需要帮助别人。一方面，不要总想显得自己厉害，而是应该耐心、沉静地听团队在讲什么，引导团队说出也许你早就有的答案，然后对他们表示肯定。另一方面，要真的知道什么时候需要扶一扶他，什么时候他飘得太高，需要敲打一下。这需要你用心观察别人——什么时候他比较低落、低沉，什么时候再不敲打他，他就要出事了。

2006年，我在雅虎带业务团队卖广告，我觉得业绩完不成，身心俱疲，因为我不太喜欢应酬。有一天，马云突然找我说："老邓，没事的，有事咱就回杭州，不在北京搞了。"这么短暂的30秒的交流，没有任何的废话，就让我想通了。从那以后，我就心想一定要把业绩完成，之后我主动约人吃饭喝酒，那年真的就完成了我原本觉得完不成的业绩。

为什么大家选你来做领导，是因为你在个性、品格以及能力方面具备了让别人产生信任的基础。这些是有效领导力深层的结构，你可以根据这几方面看看自己有什么不足，看看周边重要的合伙人，以及未来要选的合伙人在这几方面的表现是什么样的。

创始人的领导力

前文提到，领导力是组织发展中的一个具有杠杆作用的力量，创始人的领导力更是如此。要想做"有道明君"，避免成为"无道昏君"，需要注意以下几方面。

战略性与积累性

创始人领导力的第一个角度是战略性。虽然我们很多创始人天天头疼运营方面的问题，但我们如果始终关注运营问题，放弃战略思考，就会给企业带来毁灭性的打击。一个领导者的能量和注意力，应该花在和战略相关的事情上，必须想到其他人不想也想不清楚的问题：组织到底往哪儿去？我期望它未来成为什么样？企业大体上服务于什么样的客户？准备用什么样的团队去服务？我期待谁成为我的合伙人？……这类问题都是战略性的问题。不是为了解决今天的问题，是为了五年、十年以后，慢慢形成和建设企业的根基。

创始人的责任是在每一个发展阶段，为这个组织积累一点未来的可能性。这个可能性也许来自技术研发的投入，也许来自人才的进步成长，也许来自自己对于技术、消费、变革的洞察，或者是团队对今天更深的认知。对未来的思考积累，也是创始人领导力最重要的一部分。创始人需要给组织留下生发第二曲线、第三曲线的可能性。

战略性的思考，很多都是当下看起来无用的事情，思考了之后，也不一定有即时的产出和结果，但是需要创始人不断地投入，正是因为这样的事情最长远，所以才是创始人最应该做的。什么事情都要等领导来了才能开始，什么事情都要领导来拍板，这个是幼儿园阶段的公司。

战略性和积累性这两件事跟因果有关。因果里面最大的问题是很多人希望得善果，却一直找借口而不找这个善因，这件事就变得无解。这个因果的关系其实是很简单的道理。只是我们很多时候被日常的运营、融资、市场竞争、客户投诉、团队等问题左右了，忘记尝试想得到什么因，得到什么果。

创始人要清楚，要得到善果，需要种什么样的因。清楚了果，找到了因，才能完成战略性和积累性。

所谓的"有道明君"，就是能够在战略上思考清楚，并且以此来指导个人的精力和注意力分配。创始人的精力分配好了，和团队之间的张力关系也会舒适，团队自然就会获得更多安全感和发挥的空间，真正做到各司其职，各取所需，各得其所。

建立信誉

对于一个管理者，有信誉，就是让跟着你的人有肉吃、有汤喝——跟着你干了一年，到年底有奖金，工资有增长，生活越过越好。如果跟着你干了三年，没有涨过工资，奖金也没有兑现过，你只会画饼，这就叫没有信誉。

团队就是要拿结果，有结果，大家自然会跟着你走，自然会相信你，跟着你继续干。不要总是给别人画饼，这没有意义，其实对大部分人来说，逻辑就是这么简单。

有信誉还意味着对待不同人有最适配的办法。比如对于底层员工，只要他们按时出勤，完成工作，就应该给到他们应有的报酬，不管公司业绩好坏。再比如对待合伙人，刚开始为了挖人，承诺给他5%的股份，两年之后公司估值上去了，你一看5%太多了不想给了，这就是典型的没有信誉。

领导力的基础是信誉，而信誉的来源是了解每一个圈层的需要，能够满足他们的需求，不管发生什么情况，说到的都能做到。一旦有了信誉，你的领导力基石就会牢固，因为总会有人愿意追随你。

建立信誉，对创始人来说要付出一些代价。在信誉和财务成本受到损害之后，一定要去守住信誉，而不是计较财务成本。信誉的代价是长期的，而财务成本的代价是一次性的。建立信誉是一个漫长的过程，丢失信誉是瞬间的事。信誉一旦丢失，想要找回，需要花费几倍的成本和时间。

信誉这件事情在某个阶段，没遇到状况的时候都好说，要看遇到状况的时候还能不能守住　既然做出了这个承诺，不管需要付出什么代价，一定要兑现它，这件事比较重要，建立信誉带来的收益不是用财务指标可以衡量的。

培养信任

培养信任意味着即使暗含风险，也要贯彻到底，用阿里内部的话说是，"用人不疑，疑人也用"。

为了对冲"疑人也用"暗含的风险，企业会设置考核机制。所有的东西到最后都要换取信任，是你先走一步，还是你期待别人先走一步。对创始人来说，可能更多是自己要先走出一步去，虽然有风险，但要愿意去赌一下，这样才能换得不计较短期利益的干部。人性的善、恶其实是均等的，善跟恶是看你采取什么样的办法激发他的哪一部分。

我相信，当你敢冒风险去信任别人的时候，大概率也会得到别人不计较你的缺点、你的问题，并信任你的回报。前文提到的情感账户其实就是这么建立起来的。创始人要定期向里面存款，尽管这个存款是有代价的——存在银行里面和拿去做别的投资，收益是不一样的。

有人说过这样一句话："信任就是可信、可靠、可亲。"可信是指交代他的事，要在他的知识和技能范围内。比如你们让我去写一段代码，有没有风险？有，会产生巨大的风险，这是不可靠、不可信的，因为我没有写代码的能力。可靠是指对交代他的事，有回响，有回应。可亲是善意、随意、幽默，会让关系变近，沟通直接，会让风险更加可控。

培养信任一定会付出成本，但想获得这个善果，必须种下善因。创始人在风险识别中认为这个人可信，冒了风险，对于他是否真的可信、可靠、可亲就会有更多的认知。即使有的时候是策略性的信任，甚至是装着信任。总而言之，要让你的团队觉得你信任他们。

做业务的人大多数都知道，功能等于价值除以成本，即 $F=V \div C$。做任何事情都要功能最大，此时要么降低成本，要么提高价值。这个公式在商业上成立，在组织中同样成立。要想获得的信任越来越多，要么你们对他有很大的价值、帮助他，要么你们冒一定的沉没成本的风险，总而言之你们要改善团队的 F，尤其是合伙人之间。

无道昏君

什么叫"无道昏君"呢？

"无道昏君"的第一个特点就是什么事都觉得自己牛，什么事都不放心，只有我看清楚，我做了决定的事才放心，亲力亲为。虽然勤奋、拼命是创始人应该具备的品质，但这跟反对创始人亲力亲为并不矛盾。如果亲力亲为的绝大部分是现实的、短期的事情，会非常让创始人分散精力。在不同的权力基础之上，拼命跟勤奋的方向应该不一样。创始人拼命跟勤奋的方面更应该在战略上，不要该做的事不勤奋，不该做的事勤奋得要死。

亲力亲为还反映了创始人对下属的信任不够。他们对风险、收益、安全、信任是有疑问的，这一点下属也能感知到。如果领导一直都在亲力亲为状态里，那他的领导力就始终处于第一级，很难吸引或者留住更好的人才。

"无道昏君"的第二个特点跟积累性有关，体现在头痛医头，脚痛医脚，永远不做预防，永远处在急救，期待着奇妙的事情发生。

"无道昏君"的第三个特点是重事轻人。人对他们来说是工具，长期把人当成工具，好用就用，不好用就弃，这是重大的问题。如果保持这样的想法，团队的合作力跟公司的文化很难形成，因为形成不了沉淀跟习惯，以及最终聚合感情的连接和最后支撑的信仰。

"无道昏君"的第四个特点是人跟事的错配，错配中最典型的是高能低用。董事长做了CEO和副总裁的事，CEO做副总裁和总监的事，这叫高能低用，责权利不匹配。如果你们付他十万块钱，他做了八万块钱的事，从经济学的角度上来说这个组织是非常不合理的。究其原因，大概率是从上往下压的，这个组织才会这样。创始人持续勤奋，亲力亲为，就会造成整个组织内的管理者的领导力水平下沉一到两级。错配的另一个体现是低位高用，前文提到，创业过程中会产生兄弟档、夫妻档、姐妹档，一旦进入专业化，这些关系理不清楚的时候，大概率会出现没有这个能力却处在这个位置上的情况。这两种情况都是创始人要警惕的事。

有道明君

如何成为"有道明君"？前文说不能亲力亲为，又说要亲力亲为，创始人在这些矛盾辩证的过程中怎么形成认知和手感？大致可以分为三方面。

第一，自我察觉。自我察觉是一件挺难的事，你要问自己能抗得起这个事吗，自己是不是注定能抗得住。最重要的是明白自己有没有这个能力，有没有这个机缘。明白自己的德行，明白自己的底线，明白让自己愤怒和喜悦的那个东西，让团队感知到，并且尽量形成公司的规制。但这不是独裁，而是公司天然要继承一些创始人价值观层面的东西，这是一家公司内生基因的一部分。

第二，行为察觉。这需要创始人：

以身作则——言行一致，上行下效；

共启愿景——描绘未来，鼓舞感召；

挑战现状——促进变化，推动成长；

使众人行——分享权力，目标牵引；

激励人心——赏罚有度，共庆成功。

第三，洞察力。一方面，行业在演变，政策在变化，消费群体在流动，技术在革新，创始人要对它们有一个洞察和判断。另一方面，今天所谓的"善用人者，为之下"，"知我者希，则我者贵"，所有的东西包括对人的判断、对团体政治和情绪的敏感及掌控，都是洞察力的核心。

最牛的领导力是不亲力亲为，最牛的领导力又是亲力亲为，这种矛盾和辩证是度的问题，其中的手感和分寸会随着你处理的事件越来越多，变得越来越准确。为学日益，为道日损，损是达成道的路径。如果你一直要成长，就要做好终身为学的准备。

你要慢慢建立辩证的"都对、都可以"思想，这是宽容，也是格局。余生还很长，不用过于被今天的细碎消耗了所有的时间和能量，不纠结的基础是所有的事情都可以对，也可以不对，因为对和不对这件事本身对于你不要紧，这就是所谓心中无敌才天下无敌。

创始人需要努力做到天下无敌，心中没有敌的时候，就可以天下无敌，就是这样辩证的过程。

在角色切换中修炼领导力

创始人对于阶段和角色认知的判断,很难一下子就变得十分准确。但可以尝试从实践开始,逐步找到自己的认知,因为很多东西听上去是对的,但不知道该怎么做。先进行实践,慢慢达到八成以上的准确度,手感大概率就形成了。理论加手感,框架加执行,这样就会找到恰当的边界感与分寸感。

如何扮演正确的角色,对创始人来说要随着组织自然的成长而变化,出得厅堂,入得厨房,"佛"跟"魔"是领导力实践最关键的角色,分别适用不同的场景。

出得厅堂,入得厨房

在公司的平稳期与成长期,日常运营的事情要放手交给COO、CFO、CTO,创始人要在外面协调资源,开拓人脉和眼界。无论是见合作伙伴,产生新的灵感,找到新的用户群体和产品,还是去见某个投资人,跟他们交流、沟通,总之要做一些无用功。这便是"出得厅堂"。

乔布斯在斯坦福演讲时讲到,我们的人生有一连串的点,每个点看上去都没用,但是有一天串起来的时候,会发现人生没有白走的路。就像前文说的,乔布斯退学之后自学的书法设计后来在苹果电脑上派上了用场。这就是所谓的无用功和留白,或者叫战略性积累。

如果你的公司还在平稳增长期,那么你必须学会留白,必须找到那些看似无关的点,并且不断积累。让自己的好奇心始终在奔跑,不要迷恋自己所创办的这家公司本身。

"出得厅堂"之后的另一个关键时刻叫"入得厨房"。公司在孵化新业务的时候,在做一些重大决策的时候,创始人必须到场,必须关心每一个细节。重大的决策是不能授权的。这个时候创始人必须"入得厨房"。材料对不对,菜洗干净没有,火候到不到,盐加得够不够,创始人需要关心业务孵化期、公司变革期的所有细节。

一个创始人的创业人生,可能有2/3的时间是在"出得厅堂",1/3在"入得厨房"。

出得厅堂需要花费创始人最多的时间,因为要处理战略性问题跟积累,无论是人脉积累、能力积累,还是研发投入积累,做积累是长期的事。创始人如果天天陷在公司汇报中,不可能形成新的洞见。洞见就是要去看见不熟悉的、陌生的东西,再把这些新鲜的事物与工作联系起来。

记得2007年夏天,阿里资深总监以上的干部大约60人,在马云的带领下,前往总部在呼和浩特的蒙牛工厂参观、交流学习。大约三天时间里,我们参观了奶牛养殖场、牛奶生产流程并和蒙牛的高管团队做了深入交流。我们看到了听音乐、享受定时按摩的圈养奶牛,也看到了在草原上悠闲吃草的散养奶牛,以及数量有限的自营奶牛和数量无限的散户奶牛。当然,我们也品尝了马奶茶,体验了蒙古包和骑在马背上在一望无际的草原奔驰。

离开呼和浩特返程杭州的当天下午,我们所有人在蒙古包里开了半天会,回顾总结这次行程的收获。大家七嘴八舌讨论了几个小时后,看法逐渐统一在了"生态及生态位"这个概念和方向,随后大家又就如何做好电子商务的生态以及未来如何布局和卡位做了进一步的讨论。

华灯初上之时,我们带着一些莫名的兴奋,各自奔赴机场。此后几年,阿里的干部认真学习了生物生态学,并调整了所有事情都要自己做、自己有的所谓"商业帝国"思想,形成了开放的商业生态的实践构想,并产生了"菜鸟""云"等与之前不同的运营模式和股东结构。

剩下 1/3 的时间"入得厨房",全力以赴地去关心孵化和转型的所有细节,这个时候需要创始人一定程度上能拍板做决定,因为孵化和转型都有非常巨大的不稳定性。

入厨房的时候就是厨子,厨子关心什么,厨子应该料理什么事,保洁阿姨又料理什么事,创始人要进入相应的状态,这跟权力没有关系。不要只是站在那儿发表点激励人心的话,而是应该老老实实地去当团队的一员,做一点样板出来,以身作则,从而上行下效。

2008 年的金融危机,对我们的现金牛 B2B 业务产生了极大影响。新客增长乏力,老客流失严重,公司营收和员工士气都受到了很大影响。在这个艰难的时刻,马云从淘宝、支付宝抽身,带领团队就 B2B 的产品和定价、市场策略、销售佣金、干部调整、技术支持、售后服务等连续开了近一个月的会议,并确定了以"狂风行动"和"春雨行动"为名的保卫战。

正式行动前,马云要求主管以上的人全部回到杭州,参加为期一天的"启动会"。他全程参与了启动策划、关注了启动程序细节,并做了动员。随后,全国各个区域、城市、小组以杭州的行动为模板,进行了细致的沟通、说明、答疑和激励。全国大约两万销售服务人员,同一天开启尽了一切力量准备好的"狂风"和"春雨"。

在外贸订单量下滑,企业利润缩减,很多企业撑不住的情况下,阿里铁军为中小企业提供了尽可能多的帮助和扶持,B2B 业务也得以稳定了客户续签和新客户拓展。作为刚刚上市一年的公司,阿里的 B2B 业务在深度金融危机影响的资本市场中逐渐站稳了脚跟。

"佛""魔"之间自由转换

领导力需要你在"佛"跟"魔"之间尽量自由转换。

在商业模式的形成期,差不多是公司处于 0 到 0.7 的阶段,"魔"性是重要的,体现在权威和决断。到了公司不需要再艰难度日的时候,"佛"性比较重要,体现在聆听、启发、辅导、培养、容错和接纳上。

而在执行期，方案落地的时候如果没有结果，不管"杀人放火"一定要全力执行。如果不做到位，没拿到结果，后果很严重。

领导在不同的阶段要扮演不同的角色，创始人的困难就在于要拿捏好角色的切换。如果该佛的时候是魔，该入得厨房的时候，你出厅堂了，就会造成组织的混乱。组织的混乱一定是领导者角色错位，但一次错位不要紧，持续错位可能就会致命。

如何通过具体行为判断一个人是否具有领导力？有这样一句话："一个领导首先是好的跟随者，他才有机会成为好的领导。"正是因为有了跟随力，领导力才能形成。这里的跟随力与前文提到的跟随力不同。

什么叫好的跟随力？

首先是执行力。我对执行力的定义是，站在上级的角度思考，坐在自己的位置执行。绝大部分人只能够站在自己的角度去把事情做了，更差一些的连自己位置上的事情都办不好。优秀的人不仅能够把自己位置上的事情办好，也能够思考为什么自己的领导要这么决策。

其次是忠诚力，即对于目标和团队的忠诚。有时一些中层干部因为要捍卫团队的利益，会有很多争吵、争论。这时候就需要判断他是真的为了团队还是为了自己。有些人觉得我要为自己的团队说句话，即使得罪上级，让他对我有看法，我也要帮团队争取。忠诚于目标跟团队，是另外一个好的跟随力的表现。

最后是能够在短期、长期、中长期的目标之间做好取舍和资源决策。敢不敢为了长期的目标而做一些决断和平衡,而不是只盯着这个季度、这个年度的KPI?我们知道,越短期的决策其实越好做,因为很容易看得清楚,越长期的决策越难做,因为周期更长、风险更大。能够为中长期目标承担风险的人,更具备成为领导的特质。

好的领导力,一定是从跟随力开始的。

/第十章/
打造一个好组织

好组织要以客户为导向,以员工为优先

什么样的组织是个好组织?对于这个问题,不同的人有不同的答案。有的人认为好组织就是长时间跟着目标前进,而且能不断地迭代,实现越来越大的目标;有的人认为好组织就是要有共同的使命、愿景、价值观,大家齐心协力,思想和目标都很一致。在我看来,一个好组织是以客户和员工为优先的。

以客户为导向

一个好组织的导向一定是向外的,一定是非老板导向,非内部关系导向。整个组织及时响应客户,以客户为导向进行架构、流程、制度等的设计。整个公司的注意力都在响应客户这个层面上有惯性,制度流程等不以公司的创始人、管理层为优先。

就像任正非讲的"让听得到炮火的人呼叫炮火""班长的战争""铁三角",这些都体现了其以客户为中心的导向。以客户为中心是一个好组织最典型的特征。

还有一个经典案例。有次一个商人出差,他的行李没有随飞机到达,要第二天才能到,但是第二天他有一个重要的会议。他的西装、领带,还有信用卡都在行李里面。他身无分文去了诺德斯特龙(Nordstrom)的西装柜台,跟营业员说明情况以后,营业员就帮他配了一套西装。诺德斯特龙是美国一家高档

连锁百货店,其前端的销售也是标准化的,但它的文化价值观是"客户导向",一个普通的店员也可以就客户状况做出他认为合理的、体现公司文化的决策。

内部的干部怎样建立用户导向?以我在阿里的实践为例,总监以上级别的人要定期参与客服的工作,及时了解客户的状况,看客户有什么抱怨。

无论如何,要建立制度,给一线的人适当授权,及时解决客户的问题,整个公司的导向不能以老板为中心,不能以管理者为中心。如果一个公司恨不得秘书都很牛,那它就是一个不好的组织。

以员工为优先

好组织的第二个维度是以员工为优先,不是以干部优先。什么叫以员工为优先?就是不断给一线的土壤增加肥力,不能把员工当成实现公司战略目标的工具,而是必须以员工优先,真正尊重员工。以员工为优先有三个原则。

第一,透明性。

每一个个体在职级上有区别,但是每一个个体履行不同的责任,完成不同工作的时候,都应该被及时告知他应该知道的事情,要尊重他获取信息的权利。不是一些会议的信息只能给这个级别,一些会议的信息只能给那些级别,如果不是商业机密跟发布财报以及上市公司相关的东西,要尽可能让公司里所有的人获取的信息量级一致，不让他们受所在组织层级的影响。

这是我所说的统一性、一致性、透明性。员工在这里，他把时间给你，你付工资给他，所以他履行一定责任。公司成长需要一定的层级，人被归在某一个级别里面，这是正常的。但如果由于职级不一样，形成了很多封闭的小圈子，这就是不透明、不一致。尽可能地在同一个事情上把所有的信息同步给所有人，这也是一个对抗组织官僚化、僵化的机制。

以员工为导向，信息透明、及时流动，让正式的沟通渠道快过非正式的沟通渠道，这个组织才是健康的，阿里的内网就是这样。阿里重要的事会在内网向所有的员工公开，阿里的每一个正式员工都有自己的内网主页和权限，副总裁也好，一线销售人员也好，都可以同时接触所有的信息，这个一致性是对员工的尊重。

第二，心理契约。

一般，组织内部的事情都是基于合同管理，也就是法理管理，好的组织是，在法理上没有规定，但是大家有共同的心理契约。很多公司说，我要做一个攻坚战，这样打，打出这样的结果，我会给你这么多东西，这就是合同契约。在阿里，即使没有这样的承诺，绝大部分人也不担心公司要让他做某件事，他做到了以后公司不给回报。这是心理契约。

如果你的组织中有 10000 人，其中 9900 人是靠心理契约联结而不是靠合同契约，那你的组织就是个很牛的组织。阿里是个很牛、很有味道的公司，是因为其90%的人都靠心理契约联结，他们愿意承担责任、敢于冒险，做什么都不计较。我在这家公司，上面让我去打仗，我就去，有了好的成果，公司一定会给我合理的回报。如果每次在这个层面上还要阐述原因、讨价还价，才有人愿意去打仗，那表明这是一个坏组织。这种组织只能被称为"雇佣军"，可以雇你也可以雇他，雇佣军可以为你服务，也可以为另外一家服务。

第三，价值感和归属感。

员工最终需要的是价值感和归属感，跟着这个公司有没有成长，跟着这个公司能不能分享它的成长，分红也好，股权也好，以及在这个公司是不是有找到归属的感觉。

以阿里为例。为了赋予员工和团队归属感，不论经营结果如何，阿里每年按人头的团建预算雷打不动，员工可以去吃饭、喝酒、打球、爬山、旅游……这是组织层面想要给到员工的归属感。

从员工视角看，让他们觉得有价值的最典型标志是中高层、核心管理层常常接到优秀猎头公司的电话。我常常会问阿里的人，有没有猎头公司找你们，他们开始不敢说，就说没有。我说："那你在阿里没成长，不能晋升。你在市场上还没有增值，所以在公司也不能晋升，你别到年底跟我说，我今年干得很好要晋升，不行。"如果你公司的中高层始终没有猎头公司找，说明你没帮助人家成长。如果人家接到邀请，心思活泛地想走，说明你在透明、尊重方面做得不够。

以客户为导向，以员工为优先，从这两个视角出发，永远不会偏离走向好组织的路。而这些给组织带来的清晰、简明的沟通原则，也是从组织文化来说的长治久安之道。

组织良性生长的基本原则

组织一定要做好业务，但抛开业务来讲，组织又需要自己良性运行，并且正常地生长迭代，无论是跨越周期还是做决策。组织要想良性生长，有以下几条基本原则。

可感知的道德感和安全感

什么叫可感知的道德感和安全感？这是指组织获客、取得生意要合乎道理，比如百度知道、百度贴吧就不错，因为它有度，但百度搜索引擎的过度商业化就"无道"。对于高层，可感知的组织道德感永远会面对取之有道还是取之无道的选择。

员工在这里，要能感知公司是有道德的，这个道德是公司的使命、愿景、价值观，不是宣传，这体现在战略和产品制作中，说了是就这样想、这样去做。公司在说的和做的上面高度一致，就是所谓的道德感和安全感，人最怕的是被骗，一次被骗可以，二次被骗可以，第三次被骗就会去骗别人了。一个好的组织要形成情感契约，要么不说自己是这样，说了就尽量做到。

最怕的是你说的和做的不一样。

个人欲求与组织需要之间的平衡

个人欲求与组织需要之间要达到平衡，不能走极端。从组织角度来说，为了组织的需要可能会牺牲员工的个人欲求，但从员工角度来讲，组织必须考虑他们的需求。这个问题是任何一个人在任何一个组织里都要面对的。

举一个最简单的例子，公司要将员工从广东调到东北，该怎么安顿？制度比较清晰的时候，就比较容易达成。在阿里，早期因为员工有可感知的道德感和安全感，所以对于调动从来不计较，但反过来，员工不计较的时候组织也得给足够的保障。

阿里有段时间推行了一个"土鳖海水养，海归湖水养"的项目——把那些在西方住了很久的人召回杭州，给他们上课讲讲阿里的使命、愿景、价值观，讲讲中国大局观；同时把阿里内部培养出来的人派到海外去轮岗，把阿里的本土实践复制到国外市场去。这要花费很大的成本。为了完成这样一次轮转，外国到中国来的，得帮他们缴税，国内轮转出去的，还得帮他们在外国租房，要办很多事。

而随着层级的不同，员工的官位和责任越来越大时，个人欲求要越来越服从于组织的欲求，也就是说员工必须服从组织的欲求牺牲个人欲求。这是两个极端的场景，级别高的人一定要以组织优先，把个人欲求往后放。级别低的人一定要尊重基础的人性，以自己的欲求为先。如果坚持这样做，员工就会出现分化，有人永远停在个人欲求里，那他大概率就不是好的干部人选；有些人则会慢慢意识到，在个人欲求与组织欲求矛盾时，要选择牺牲个人欲求。

合理的授权与尊重

我进阿里的时候，公司只有1700人，营业额只有两三千万元，我做人力资源副总裁，有一个清晰的表格写明我的财务和人事审批权限——有多少批准差旅的权限，有多少批准购买服务的权限，公司有什么级别的人需要我参与流程批准才能晋升。这就是合理的授权与尊重。

其实公司很多情况下效率不高、责权不清楚、人不能做好本职工作，是因为授权不明确、分权没有制度保障，大家都形成了一个习惯——谁说了都不算，只有老大说了算，所以组织架构体系常常会失效。由于尊重不足，以及某个职位应该有的权力不够，会造成很多决策上的问题，也会出现很多员工拍马屁的事。不要小看授权的明晰化、制度化，它是一个组织建设的起步阶段。

各司其职，各尽其忠

一个组织一定会有不同圈层，比如高层管理人员、中层管理人员、基层管理人员、普通员工。那为什么有的人能进高层？这就是要各司其职、各尽其忠。层级下沉的时候，组织是降维的。人们关心的范围和管理的范围不停地下沉，成长空间就小了。

每个层级都应该上升半级去思考，降低半级去执行。千万不能每个层级都降半级去思考，再降半级去执行，这会导致组织权责错位。所以各司其职、各尽其忠十分重要。拿1000万元的年薪，就应该去想1000万元年薪对应的成本应该产出的价值是什么。管理者常常犯的错误是，关心的事其实是下级在关心的事，该关心的事反而没有关心，大部分不好的组织都是在这个层面出现了问题。

身居高位的人的明显特征是不纠缠太具体的运营方面的事。最高层的处事依据之一是非程序原则，意外的、非程序性的、例外的事情才应该进入高层的轨道。如果有程序、有制度可以解决，就交给中高层去运行和解决。高层需要做的是通过一定的会议机制检查，看看有没有漏洞，他们应该关心的是外向和长期的事情。

一个健康的组织一定要迭代生长，但迭代生长不能下沉。可能出现的最大问题是创始团队和创始人的下沉，如果每个层级下沉一半，整个组织就一直往下走，没有迭代生长的空间。而如果所有人都升半级去思考，每个人都尽量逼自己往上走，组织就会找到迭代的机制，生长的空间会变得开阔。员工需要接受什么培训，去哪里学习，谁应该进什么部门，谁应该去做轮岗……就会变得越来越清晰，组织的生长迭代就发生了。

创始人的站位：近身但不肉搏，退后但不放任

一个组织经过创立时的孵化期，开始有毛利和特定的用户群体后就到了成长期，等有一定的市场份额与品牌知名度时公司规模就大了。公司大了以后会出现各种各样的状况，比如人员效率低、官僚主义、山头文化、诸侯割据，出现一票食利阶层，这往往会让创始人很恼火。其实如果出现这些情况，证明创始人干得不错，因为食利阶层是需要利润来养活的，这是组织发展到一定程度的成熟标志。

但这并不是说这些现象是好的，作为创始人、CEO，一个重大的责任就是尽可能地早一点预防这些情况，让它们来得晚一点，这与战略上的预见是异曲同工的。比如，假设公司的增长实际上持平于市场本身自然的增长，或者略低于它，创始人大概要做两件事，一是把组织已经板结的土壤拆开来松一松，二是早一点看新的业务方向，孵化新的曲线。你要知道，一旦组织增长低于市场自然增长，或者大幅度落后于竞争对手，病症就已经显性化了。显性化的时候再调整就比较难了，要上"化疗"手段，大拆大卸，所以创始人的责任就是要及时看，有

一定冗余，及时预防，尽早避免。

但比较麻烦的是，日子比较好的时候就比较难想坏的事情，所以要允许熵增的状况存在，"温水煮青蛙"。随着业务的成长，创始人要及时调整、拆分组织，要做好准备，如果有既得利益者闹事或者离职，要看自己的人才预备梯队够不够，这就是所谓的冗余。所以平时创始人就要训练，要做人才盘点，要明白每个人的情况，要到处巡游，这些工作都是组织建设的一部分。这是一个手艺活，确实考验创始人跟团队之间相互的信任，当然这些功夫要早一点下。

创始人在组织建设上要始终抓两个东西——守住用户价值，守护员工价值。往这两个方向努力，同时确保一致性、简单透明的沟通。其他事情都可以"让子弹飞一会"，唯有这两个东西不能放松，甚至要有内化成自身的本能反应，谁要伤害了用户价值、谁要损害了员工价值，创始人要立刻跳出来纠偏。

创始人与组织建设之间的关系，我用两句话来讲——第一，近身但不肉搏；第二，退后但不放任。假设你们有机会找到优秀的CHO（首席人力资源官）或CPO，必须遵循这两条原则，不要干预太多，不要肉搏，有的时候要退后，但是不能放任。有的创始人有鸵鸟心态，总是设想找一个很厉害的CPO进来，组织建设和团队文化的事自己就可以不管了，CPO爱怎么干就怎么干。这是不可能的。

创始人与组织建设的距离，要拿捏好一个度。在早期的时候要近身，这是家规、家道、家风还没弄清晰的时候，专业的人进来也不能帮你建立你所期待的东西，你要近身，但不要什么事都发号施令。当慢慢有了这些东西以后要往后撤一点，但也不能完全放掉，因为家道、家风、家规、团队文化、干部任用等所有的决策都是你在向组织发送信号，员工接收这些信号，所以你不能完全放任。

我和马云搭档那些年，他平时不管细节，但有时候会去各地的团队走一走，就是所谓"闻味道"，说这个地方有问题，那个人有问题，你们得看一看，但这不是他的决策，只是提醒，这就叫后退但不放任。天天发号施令，或者干脆放手不管，这两种极端都是不合适的，创始人在节奏上、分寸上要掌握好。

创始人的修行是持续的，因为面临太多的抉择。所谓的大恶大善，大善乃大恶，大恶乃大善。好人、坏人，创业者在这个位置上要想的是更大的道义，承担的是更大的恶与善。而且要明白，有的时候大恶才会是大善，当然不是说可以突破法律底线，只是创始人的善恶观不是普通意义的道德标准，那些最艰难的决定不要回避。当年阿里要把支付宝拆分出来，面对铺天盖地的质疑声，别人说马云为了私利不讲信誉，他如果纠结这些可能就没有后来的蚂蚁集团了。这种决定是大恶还是大善？只有内心纯乎天理，你不需要解释，这是成就这样大的事必须要做的。那件事马云没有做任何解释，因为他不是出于一己私利，他知道今天必须这样做，至于个人外部声誉，并不是最重要的东西。创始人如果心安，就有机会做最"恶"的决定，但是这个决定有可能成就一项巨大的事业，别人因为这项巨大的事业而受惠，这是创始人的福报。

只有认清残酷的现实并在大恶大善中间做坚定的选择，在理想和现实之间都能做到极致的时候，你才能成就一番事业。第一步，先用现实保住理想；第二步，在实现理想过程中再来看更大的现实。创始人就在这个善恶的循环中，把事业不断推上新的台阶，再上一个台阶。如果完全受别人强加于你的道德的约束，成就就可能比较普通。

希望你们身具英雄的理想主义，同时敢于在关键时刻做出枭雄般的选择；有关个人声誉，该珍惜的时候珍惜，该无所谓的时候无所谓。你们想清楚，要做一项大的事业，就要承受大事业背后必须付的代价，如果没有那么大的雄心，就守住自己的那一亩三分地，成就一个普通的事也好。领导力与修行对创业者来说就是在于理想与现实的高度结合。

组织建设到最后是你自己终极一生的墓志铭，你希望它写成什么样？认清残酷的现实，还能够保有你的理想，就像罗曼·罗兰所说的："世界上只有一种真正的英雄主义，那就是在认清生活的真相后依然热爱生活。"这对于创始人这个群体是极其重要的。

结语

大道至简,大象无形

长久来说,组织中物理的东西都会消失,能够留下来的只有两样,一个是无机的制度,一个是有机的队伍。

无论你们做什么产品、服务,即便今天已经没有竞争者,未来也可能会遇到颠覆者进来挑战、替代你们。最早的互联网模式是信息流给你推送新闻。报纸会消失这个事很难想象,我是一直看报纸的人,尤其喜欢看《体坛周报》,每次一上架,我赶紧去买。我用了很长时间才习惯到网上去看,最终也不得不跟着新的技术浪潮走。

你们不要纠结于眼前的事,无论是企业家还是商人,不用纠结于自己在物质层面所创造的东西,如果真的有雄心,能流传下来、传承下去的,只有你们所建立的制度文明。这是组织中无机的部分,包括怎么经营这个企业,用什么样的标准去做选择、做取舍,让新一辈的创业者站在你们的经验和踩的坑之上,不用自己再去探索、再去摔跟头,这是有意义的。

在企业的成长过程中,由于你们的努力,能留下一群在业界承担重任的人,通过你们建立的体系培养孵化出一群有机的人,再加上制度的延续,才形成所谓的传承。马云发起创办湖畔的发心动念就是,创业这么多年,自己的经验教训能不能交代给后来的创业者,让他们少走一点弯路。这就是无机的制度文明的传承跟有机的人才在社会中的传承。

作为创始人,如果你有机会做到这两件事,我认为你就完成了对这个社会的贡献,它确实跟你赚多少钱没有太大的关系,这就是组织建设的另外一个目的,经过二十年、三十年的时间,形成可能的制度传承与人的传承。

在这个过程中,创始人要不断地自我修炼,不断地自我察觉。从愚昧之巅到绝望之谷,再到开悟之坡,每个人都会在其中往复,有的人在从愚昧之巅跌到绝望之谷后还能爬起来,有的人跌到绝望之谷以后就起不来了,这取决于一个人对自我的认知,对长期、短期、名利的认知。如果一个创始人是单纯的经济动物,做生意是为了赚钱过好日子,也没有什么不好,但是从愚昧之巅落到绝望之谷后,再爬上开悟之坡,那他必须对于短期的得失和名利宠辱有很深刻的认知,同时拥有宽广的胸怀。每一个人、每一个企业必然经历这样的往复,大将军一定会从绝望之谷爬起来,中等的将军能爬到开悟之坡的一半,真正牛的人会爬到开悟之坡的高台。

但是说到底,人这一辈子能不能爬到开悟之坡,能不能成就一番事业,有时候也有命运的成分,虽然这听上去很虚无,但这就是我见过那么多人与事之后的认知，上上下下，起起伏伏，人生的终极是虚无。

作为创始人，你要有一个空杯的心态和认知，才能抵达想去的地方。如果你总是太满，对变化太抗拒，很难走得远。反过来说，人活一世本来就是虚的，是假的，这样想能帮你去实现自己的人生脚本，会让你心无挂碍，故无所恐惧。没有恐惧就没有担忧，所有的事情你就有底气去藐视它，不用纠结于眼前。

创始人对于牛人的认知，其实也是对自己够不够牛的认知，自己够不够牛，会影响创始人能不能真正吸引跟自己同命运共患难的牛人。人的一辈子是一个爬坡的过程，你可能永远达不到终点，但只要一直在往这个地方去的路上，就有机会吸引牛人跟你共命运。什么叫胸怀大？有就是小的，无就是足够大了，你的胸怀如果大到相信这世界都是假的，都是无的，就足够大了，什么你都容得下，开悟就是这个道理。

但也不要太在意胸怀大这件事，领导要胸怀大、创业者应该胸怀大，别这么去想，它有一个自然生长、慢慢形成的过程，要有耐心，兜兜转转不要紧。创始人一定是这样的，要冷静，要理性，万事别太在意。

现在技术进入快速迭代期，很多人说进入人工智能时代了，未来都是智能组织，过去的组织不适用了。我建议先别想那些太遥远的事。我曾经跟美国一个组织学教授聊天，我说未来组织可能会消亡，他说部分同意你的观点，公司这个特定的组织形式可能会消亡，但是人一定要组织起来，这是没错的。无论有多少"灰犀牛"或者"黑天鹅"，先不要纠结这个，回到战略本身，回到今天所面对的市场状况、研发、产品、销售……看未来18个月的状况，先把今天的事解决掉，这带来的收益比我们对于未来的想象更重要一些。对于未来的想象不是说不必要，而是说不要太着急，站在技术不断进步、社会价值观不断多元化的角度来看，一定会有新的组织物种产生，我们只能做这样大致的判断。

本书到这里就要到尾声了，从基础的角度和远一点的视角，我们讲了讲组织到底是什么，组织跟人之间的关系，组织跟业务之间的关系，组织跟创始人之间的关系，等等，这些关系是一个个认知的角度，作为创始人、CEO，应该从这些角度去思考组织。

所谓组织建设及演进的终极，最后究竟是怎么样的，我相信无论技术如何进步，在机器和人文之间，组织必须有一个人文的文化做地基，才能保障所有的智能化。

组织衍进对大部分的创始人来说，成也萧何，败也萧何。如果没有创始人独特的力量与思想，这个公司走不了太久，这个公司也大概率是没有特色或者没有味道的。但是如果创始人的意志太强，在传承的时候不革掉自己的命，公司所谓的核心竞争力存在的周期就会越来越短，创始人自己反而会成为核心障碍。

从长期一点的角度去看组织,最基础的是要看能不能实现创始人内心的理想,能不能灌入创始人强大的力量。作为创始人,你希望这个组织成为什么样,你所有的组织实践就要朝着这个方向前进,但是你的出发点必须是强大的、有特色的和热爱的。

之前乔布斯和比尔·盖茨有一个采访,他们两人同台,主持人问他们为什么苹果和微软长成今天的模样。比尔·盖茨说,当年我们做这事的时候没有想到做这么大,其实我也不想做这么大,我只是想从技术上让大家处理信息方便一点。这些话也让我理解了为什么他很快退出,把公司交给史蒂夫·鲍尔默这样的职业经理人,让公司走上商业驱动的道路。而乔布斯的回答更像一个创业者,他说大也罢,小也罢,赚钱也罢,不赚钱也罢,我热爱它,就投入全部的生命去做这件事。由于热爱,我一直做,虽然我不在意结果,但是也相信,热爱本身一定会开花、结果。做一番事业不是为了结果,果永远是自然而来的,而这果能来是因为热爱。

普通的创业者与坚韧的创业者,重大的区别就是后者有一个清晰的梦想,有一个种子在心里。不管技术怎么进步,创业者要确定内心的种子,必须回答自己真正热爱的东西是什么。作为创始人,你是组织的掌舵人,你自己的热爱在那里,就会感召团队,因为你的热爱能温暖他们的梦想,照亮他们的内心。

组织生长得怎么样，最终取决于创始人那一颗种子，外在的东西都是帮助这个种子成长的工具，如果脱离这颗种子，工具本身就比较难发挥作用。如果这颗种子确定了，条条道路都能通往罗马，没有人能替创始人回答的唯一的问题是心里这颗种子到底是什么。

你们如果有足够大的梦想，不要受太多路径与工具的干扰，因为做选择的时候必须基于一个内核。这是另外一个问题，创始人的领导力，创始人跟团队之间形成的合力、默契跟共识，超越了技术上的任何选择。人与人之间的关系本身，在很长时间内是机器学习不到的。